A CONSTRUÇÃO
DO DIÁLOGO

A CONSTRUÇÃO DO DIÁLOGO

O CONCÍLIO VATICANO II E AS RELIGIÕES

Dados Internacionais de Catalogação na Publicação (CIP)
(Câmara Brasileira do Livro, SP, Brasil)

Usarski, Frank
    A construção do diálogo : o Concílio Vaticano II e as religiões / Frank
Usarski. – São Paulo : Paulinas, 2018. – (Iguais e diferentes)

    Bibliografia.
    ISBN 978-85-356-4458-6

    1. Concílio Vaticano (2. : 1962-1965) 2. Cristianismo e outras religiões 3.
Diálogo 4. Documentos oficiais 5. Ecumenismo 6. Igreja Católica - Relações
7. Relações inter-religiosas I. Título. II. Série.

18-19706   CDD-261.2

Índice para catálogo sistemático:
1. Diálogo inter-religioso : Documentos da Igreja : Cristianismo   261.2

Cibele Maria Dias - Bibliotecária - CRB-8/9427

1ª edição – 2018

Direção-geral:	Flávia Reginatto
Conselho editorial:	Dr. Antonio Francisco Lelo
	Dr. João Décio Passos
	Ma. Maria Goretti de Oliveira
	Dr. Matthias Grenzer
	Dra. Vera Ivanise Bombonatto
Editores responsáveis:	Vera Ivanise Bombonatto
	e João Décio Passos
Copidesque:	Ana Cecilia Mari
Coordenação de revisão:	Marina Mendonça
Revisão:	Sandra Sinzato
Gerente de produção:	Felício Calegaro Neto
Projeto gráfico:	Jéssica Diniz Souza

Nenhuma parte desta obra poderá ser reproduzida ou transmitida
por qualquer forma e/ou quaisquer meios (eletrônico ou mecânico,
incluindo fotocópia e gravação) ou arquivada em qualquer sistema ou
banco de dados sem permissão escrita da Editora. Direitos reservados.

Paulinas

Rua Dona Inácia Uchoa, 62
04110-020 – São Paulo – SP (Brasil)
Tel.: (11) 2125-3500
http://www.paulinas.com.br – editora@paulinas.com.br
Telemarketing e SAC: 0800-7010081
© Pia Sociedade Filhas de São Paulo – São Paulo, 2018

SUMÁRIO

Agradecimentos 7

Prefácio 9

Introdução 13

Capítulo I. Em busca do diálogo 17

Capítulo II. O horizonte histórico da Declaração *Nostra Aetate* 33

Capítulo III. A história redacional da Declaração *Nostra Aetate* 71

Capítulo IV. A Declaração *Nostra Aetate* 103

Contextualização final 151

Referências bibliográficas 157

Índice 177

AGRADECIMENTOS

Nenhuma obra acadêmica nasce em um vácuo. Inserido no campo da ciência, qualquer autor é integrante de uma rede e desfruta do intercâmbio contínuo com colegas com os quais compartilha preferências temáticas e metodológicas. Quem despertou meu interesse inicial pelo documento *Nostra Aetate* foi o orientalista e teólogo católico Peter Antes, meu primeiro orientador na Universidade de Hannover, Alemanha. Após décadas privilegiando outros objetos de pesquisa, a declaração conciliar voltou a chamar minha atenção graças à intermediação de João Décio Passos, cujo fascínio pelo Concílio Vaticano II repercutiu em inúmeras conversas e me levou a contribuir com alguns verbetes relacionados ao assunto do diálogo inter-religioso para o *Dicionário do Concílio Vaticano II* (Paulinas/Paulus 2015), que João Décio e Wagner Lopes Sanchez estavam preparando. Esses incentivos impediram que eu me contentasse com minhas reflexões relativamente sucintas publicadas no Dicionário, fazendo com que ampliasse e aprofundasse o material incialmente levantado.

No caminho da redação do mesmo, tive o privilégio de receber importantes orientações de uma série de colegas, entre os quais se destacam José Oscar Beozzo e Paulo Suess, Wagner Lopes Sanchez e Fernando Altemeyer. Sou grato a José Oscar Beozzo e a Paulo Suess pelas estimulantes lições e importantes sugestões bibliográficas durante as aulas que frequentei no Instituto São Paulo de Estudos Superiores (ITESP). Agradeço a Wagner Lopes Sanchez e Fernando Altemeyer pela leitura crítica em um momento chave da produção do texto, o que me deu segurança a respeito da direção principal do meu rumo e me sensibilizou para a complexidade da tarefa assumida.

Na fase final da redação, recebi apoio de Rodrigo Wolff Apolloni, amigo fiel há muitos anos, que se dedicou à revisão do manuscrito.

PREFÁCIO

Deve ser saudada com alegria e reconhecimento a importante contribuição de Frank Usarski para os estudos do Concílio Vaticano II com a presente publicação. Ela vem preencher uma lacuna dentro da rica e variada produção histórica, teológica e pastoral acerca do Concílio Vaticano II e de sua recepção.

Foi só no apagar das luzes do evento conciliar que foi aprovado e promulgado, a 28 de outubro de 1965, o documento *Nostra Aetate, Declaratio de Ecclesiae habitudine ad religiones non-cristianas,* ou seja, Declaração sobre a Atitude da Igreja em Relação às Religiões Não Cristãs.

Embora seja o menor dos documentos conciliares, a Declaração só viu crescer sua relevância e atualidade com o correr dos anos. Uma pessoa atenta às transformações e desafios da nossa época, como o pranteado arcebispo de São Paulo, Dom Paulo Evaristo Arns, interrogado por mim sobre as questões que, à entrada do novo milênio, deveriam ser aprofundadas pelo CESEEP nos seus cursos de formação, não hesitou em apontar como a mais relevante e urgente a do diálogo das diferentes religiões entre si, a fim de que pudessem cooperar para a superação da pobreza e das discriminações e instaurar processos para garantir a justiça e a paz em âmbito mundial. O teólogo Hans Küng não tem cessado de repetir que, sem diálogo e cooperação entre as religiões, não haverá paz no mundo.

Num momento em que as migrações em larga escala e a globalização romperam fronteiras culturais e linguísticas e arrancaram dos seus casulos e domínios reservados as religiões, todas elas foram colocadas em relação entre si, abrindo caminhos inusitados para o conhecimento das riquezas próprias de cada uma e para inesperados campos de diálogo e cooperação, mas suscitando, igualmente, fricções, estranhamentos e conflitos. O pluralismo, e não mais o exclusivismo religioso, passou a ser o ambiente em que se movem hoje as pessoas e instituições em quase todas as sociedades.

Só agora, no cinquentenário do Concílio, quando duas editoras católicas lançaram uma série de estudos sobre o Vaticano II, a Paulus com a coleção *Marco Conciliar* e Paulinas com sua coleção *Revisitar o Concílio,* tivemos a publicação das primeiras contribuições brasileiras sobre a Declaração *Nostra Aetate.*[1]

A originalidade, porém, do estudo de Usarski é oferecer acurada recuperação histórica do tumultuado percurso do projeto inicial de uma declaração conciliar sobre os judeus e que acabou se convertendo na declaração mais ampla acerca da atitude dos católicos perante as religiões não cristãs.

Além de percorrer passo a passo as várias redações, emendas e supressões a que foi submetido o esquema inicial, Usarski propõe um exame atento de cada uma das partes do documento e das diferentes maneiras para se abordar a sua leitura.

Toma a sério a recomendação de que os documentos conciliares formam um todo e que cada um deve ser lido em conexão e à luz dos demais, de modo particular das quatro constituições que são como que o fundamento e os pilares de toda a obra conciliar. Os documentos formam um tecido único, cuja trama foi sendo urdida entre 1959 e 1965, ao longo dos três anos de preparação e das quatro sessões conciliares. O Concílio dialoga, ademais, com a grande tradição bíblica do Antigo e do Novo Testamento, com os padres da Igreja do Oriente e do Ocidente e, de modo particular, com os 20 concílios ecumênicos ou gerais que precederam o Vaticano II. A presença de observadores das antigas igrejas orientais, da ortodoxia, das igrejas saídas da reforma do século XVI e do Pentecostalismo, arrancou a Igreja Católica do secular isolamento a que as divisões e mútuas excomunhões a haviam condenado. O círculo foi rompido também em relação às

---

[1] Entre os 15 títulos da Paulus na coleção *Marco Conciliar,* encontra-se um dedicado à temática da *Nostra Aetate*: SANCHEZ, Wagner Lopes. *Vaticano II e o diálogo inter-religioso.* São Paulo: Paulus, 2015 e, entre os 19 títulos publicados pelas Paulinas na sua coleção *Revisitar o Concílio,* há um que engloba três documentos inter-relacionados, os do Ecumenismo, da Liberdade Religiosa e do Diálogo Inter-religioso: WOLFF, Elias. *Unitatis Redintegratio, Dignitatis Humanae, Nostra Aetate* – textos e comentários. São Paulo: Paulinas, 2012.

A construção do diálogo

religiões não cristãs, ao se colocar na pauta conciliar a necessária revisão da atitude da Igreja em relação às demais religiões. O horizonte alargou-se mais ainda ao trazer, com a *Gaudium et Spes* (Alegria e esperança), para o centro da agenda conciliar a sua relação com o mundo de hoje e ao criar um secretariado para o diálogo com os não crentes.

Por essa e outras razões, o pequeno – mas denso – livro de Usarski ultrapassa os limites do estudo da *Nostra Aetate* para enriquecer a discussão metodológica acerca dos princípios que devem reger a interpretação do evento conciliar, dos seus documentos e de sua recepção. Traz igualmente uma rica bibliografia do que foi publicado em língua alemã e inglesa sobre o tema, bibliografia essa até agora muito pouco traduzida ao português.

Supre, assim, uma lacuna os estudos do Vaticano II no Brasil, de modo particular em um campo tão crucial e urgente como este, das relações com as religiões não cristãs. O autor já havia oferecido uma breve contribuição ao tema ao redigir o verbete *Nostra Aetate* para o *Dicionário do Concílio Vaticano II*.[2] Completa, agora, o que ali se encontra sob a forma de uma apertada síntese.

O Concílio colocou-se à escuta das interpelações do Judaísmo, Islã, Budismo e Hinduísmo; reconheceu que o Espírito se faz presente na busca empreendida por homens e mulheres nessas diferentes religiões, que são, para estas pessoas, caminhos ordinários de salvação.

Procurou também superar os impasses teológicos e pastorais advindos do axioma *Extra ecclesiam, nulla salus,* "Fora da Igreja não há salvação". Não se pode ocultar, porém, que o Concílio não se abriu ao apelo advindo de bispos da África negra que pediam que fossem tomadas em consideração no debate conciliar as religiões originárias do continente, impregnadas de profundo senso do sagrado e de entranhada espiritualidade, tratadas, porém, como religiões "primitivas".

---

[2] SANCHEZ, Wagner Lopes; PASSOS, João Décio. *Dicionário do Concílio Vaticano II*. São Paulo: Paulus/Paulinas, 2015.

É claro, por outro lado, que também as religiões do continente africano e as dos povos indígenas da América e de outros recantos do mundo entram, todas elas, debaixo do mesmo princípio de sincera acolhida e respeito aos praticantes de qualquer religião, que se encontra claramente enunciado na *Nostra Aetate* e que deve reger a atitude de todos os católicos: "Exorta, por isso, [a Igreja] os seus filhos a que, com prudência e caridade, pelo diálogo e colaboração com os seguidores doutras religiões, dando testemunho da vida e fé cristãs, reconheçam, conservem e promovam os bens espirituais e morais e os valores socioculturais que entre eles se encontram" (NAe, 2).

No entanto, a atitude dos católicos diante das religiões dos povos indígenas e das religiões de matriz africana que sofreram o impacto da conquista e de uma imposição religiosa por parte dos colonizadores necessita passar por uma purificação da memória, um pedido de perdão e por redobrado esforço de superação da discriminação e racismo que impregnaram as relações sociais e religiosas no nosso continente e, em particular, no nosso país.

Só podemos augurar que o autor desse estudo sobre a *Nostra Aetate* continue colocando seu talento e preparo na investigação de outras áreas do Concílio, como a da liberdade religiosa, com a Declaração *Dignitatis Humanae,* que está à espera de um estudo mais amplo e profundo aqui no Brasil.

JOSÉ OSCAR BEOZZO

E-mail: \<jbeozzo@terra.com.br\>

INTRODUÇÃO

Entre os diversos problemas atualmente refletidos por estudiosos da religião, o do pluralismo tem ocupado um lugar predestinado. O tema tem sido abordado por duas perspectivas principais. Por um lado, a discussão tem se focado no processo de crescente diversificação do campo religioso devido à perda da dominância ou, até mesmo, do monopólio de uma corrente religiosa intimamente inter-relacionada com a história de um determinado país. Por outro lado, os participantes do debate têm se mostrado interessados pelo impacto da atual multiplicidade sobre a consciência tanto dos porta-vozes das diferentes tradições religiosas conviventes quanto dos seus seguidores "comuns" confrontados com um espectro expandido de alternativas religiosas.

Tendo este debate em andamento na mente, este livro se interessa pela postura da Igreja Católica diante do Judaísmo e do Islã, manifestada na Declaração sobre as Relações da Igreja com as Religiões Não Cristãs (*Nostra Aetate*), lançada em 28 de outubro de 1965 como um dos 16 textos resultantes do Concílio Vaticano II.

O trabalho parte da hipótese de que a *Nostra Aetate* é consequência de uma série de constelações constitutivas para a revisão e reformulação da atitude da Igreja Católica diante das religiões não cristãs em geral e do Judaísmo e do Islã em particular. Em prol da plausibilização desta hipótese, a obra concentra-se na reconstrução e análise de fatores cruciais para o surgimento da Declaração.

O sucinto primeiro capítulo fornece uma primeira aproximação ao assunto e indica o caráter predominantemente histórico do livro. Esta orientação fica mais clara ainda no segundo capítulo, que se inicia com considerações sobre as constelações que incentivaram o Papa João XXIII a convocar o Concílio e que repercute em diversos documentos conciliares, inclusive na *Nostra Aetate*, na busca de respostas da Igreja às exigências do mundo moderno.

Esta busca não começou com o próprio Concílio, mas já se concretizou, entre outras, em iniciativas católicas que anteciparam a atitude construtiva diante do Judaísmo e do Islã, formalizada pelos padres conciliares.

O terceiro capítulo investiga o longo processo redacional da *Nostra Aetate*. Os dados levantados nesta parte demonstram como a intenção inicial de reformular a posição da Igreja diante do Judaísmo sofreu alterações significativas no decorrer das sessões conciliares e nas fases intervalares. O presente trabalho reconstrói as diferentes etapas dessa dinâmica mediante a referência às diferentes versões da Declaração e aos debates sobre elas.

O quarto capítulo do presente trabalho começa com a identificação dos fundamentos argumentativos da Declaração bem como da longa tradição teológica que sustenta o raciocínio do texto conciliar. Trata-se de uma linha de pensamento ofuscada pela posição *extra ecclesiam nulla salus* que marcou, durante séculos, a postura oficial da Igreja diante das religiões não cristãs. O esboço desta corrente teológica alternativa prepara uma leitura tripla do documento *Nostra Aetate*, realizada na segunda parte do terceiro capítulo.

As três abordagens hermenêuticas ao texto se complementam e contribuem para um entendimento mais holístico da Declaração. Analisado sob este prisma, o texto revela tanto seu potencial quanto seus limites relativos ao diálogo inter-religioso do ponto de vista da Igreja. Apesar das suas restrições, a *Nostra Aetate* tem incentivado uma série de ações concretas em prol de um entendimento mútuo entre membros de diferentes comunidades de fé.

Alguns exemplos do legado da Declaração encontram-se nas últimas páginas do livro. Neles repercute o espírito que desde o Concílio Vaticano II norteia as ações "macroecumênicas" da Igreja e cuja essência ressoa nas seguintes palavras do Papa Francisco: "A misericórdia possui uma valência que ultrapassa as fronteiras da Igreja. Ela relaciona-nos com o Judaísmo e

A construção do diálogo

o Islã, que a consideram um dos atributos mais marcantes de Deus. Israel foi o primeiro que recebeu esta revelação, permanecendo esta na história como o início duma riqueza incomensurável para oferecer à humanidade inteira. Como vimos, as páginas do Antigo Testamento estão permeadas de misericórdia, porque narram as obras que o Senhor realizou em favor do seu povo, nos momentos mais difíceis da sua história. O Islã, por sua vez, coloca entre os nomes dados ao Criador o de Misericordioso e Clemente. Esta invocação aparece com frequência nos lábios dos fiéis muçulmanos, que se sentem acompanhados e sustentados pela misericórdia na sua fraqueza diária. Também eles acreditam que ninguém pode pôr limites à misericórdia divina, porque as suas portas estão sempre abertas.[3]

---

[3] Papa Francisco: *Misericordiae Vultus*. Bula de Proclamação do Jubileu Extraordinário da Misericórdia, Roma, 11 de abril 2015. <http://w2.vatican.va/content/francesco/pt/apost_letters/documents/papa-francesco_bolla_20150411_misericordiae-vultus.html>. Acesso em: 15/10/2017.

CAPÍTULO I
EM BUSCA DO DIÁLOGO

1. O Concílio Vaticano II como desafio histórico

Não é preciso ter uma formação sólida em História para afirmar que qualquer acontecimento que envolve seres humanos é enraizado em um contexto determinante. O engajamento pessoal pelas ocorrências, o interesse vital com seus objetivos subjacentes e a identificação com seus potenciais resultados podem, temporariamente, suspender a reflexividade dos atores envolvidos a respeito da dinâmica "externa" que os determina. À medida que o tempo passa, geralmente, aumenta a consciência dos fatores ao redor do evento propriamente dito e da sua dinâmica interna. O que parecia imediato no momento da sua manifestação revela-se como algo condicionado por fatores, cuja análise deixa o episódio aparecer em uma nova perspectiva.

O Concílio Vaticano II é um exemplo para eventos que nascem com certa aura de insondabilidade, mas que ganham plausibilidade histórica na medida em que seu impacto imediato desvanece e abre espaço para perguntas sobre o significado do evento na trajetória da humanidade. De certo modo, o aprofundamento gradual da perspectiva sobre o Concílio foi antecipado por Paulo VI em um dos seus discursos por ocasião do encerramento oficial do Concílio em 8 de dezembro de 1965. Nesta data o papa emitiu mensagens específicas para diversos grupos (governantes, trabalhadores, artistas, mulheres etc.[1]), entre os quais encontravam-se também "os homens de pensamento e de ciência", apreciados como "pesquisadores da verdade, homens de pensamento e de ciência, exploradores

---

[1] Veja a lista: <https://w2.vatican.va/content/paul-vi/pt/speeches/1965.index.html>. Acesso em: 18/11/2017.

do Homem, do universo e da história" e incentivados a peregrinar "em marcha para a luz".[2]

A tarefa mais plausível desta "exploração da história" está na reconstrução de fatores diretamente responsáveis pela convocação do Concílio Vaticano II em geral e na reformulação da postura da Igreja diante de religiões não cristãs, manifesta no texto conciliar *Nostra Aetate*, em particular. Todavia, o olhar para constelações cronológicas relevantes tem que ir além da busca de aspectos típicos para o mundo moderno enquanto horizonte mais imediato do Concílio e seus documentos. À medida que a perspectiva se expande para o passado, torna-se claro que o Concílio se integra em caminho de longa duração marcado pela lógica de aproximação gradativa entre as culturas, substituindo o isolamento dos povos da Antiguidade. Naquela época da humanidade, confirma Vigil,

> [...] a vida cotidiana ocorreu dentro do quadro da cultura e religião de uma sociedade. Sem dúvida, os povos sabiam da existência de outras sociedades e suas culturas e religiões próprias, mas elas estavam suficientemente distantes para não provocar reflexões profundas ou, até mesmo, para gerar uma espécie de diálogo.[3]

No máximo, o universo simbólico incontestado de um grupo foi moderadamente desafiado por contatos esporádicos e pontuais com outros povos, cujas crenças e rituais indicavam que a maneira de acreditar e praticar considerada "natural" pela população doméstica não era a única de se referir à transcendência. Devido à superficialidade e transitoriedade do contato com os "outros", não era preciso assumir uma estratégia sofisticada para combater tais alternativas.[4] Norteada por clichês e estereótipos

---

[2] Mensagem do Papa Paulo VI na Conclusão no Concílio Vaticano II – Os Homens de Pensamento e de Ciência, 8 de dezembro de 1965. <https://w2.vatican.va/content/paul-vi/pt/speeches/1965/documents/hf_p-vi_spe_19651208_epilogo-concilio-intelletuali.html>. Acesso em: 18/11/2017.

[3] VIGIL, Jose M. *Theology of Religious Pluralism*. Wien: Lit Verlag 2008, p. 28.

[4] BITTERLI, Urs. *Alte Welt – neue Welt. Formen des europäisch-überseeischen Kulturkontakts vom 15. bis zum 18. Jahrhundert*. München: Beck, 1986.

colocados como mecanismos do etnocentrismo, a cosmovisão do próprio grupo era tomada como parâmetro absoluto, enquanto o "outro" era categoricamente rejeitado como inferior ou, até mesmo, perigoso.[5]

Grosso modo, havia duas categorias de classificação de povos alheios e suas convicções e hábitos religiosos. Culturas acostumadas com panteões pluralistas não se inquietavam com a existência de divindades veneradas por povos no horizonte do próprio domínio. Optaram pela atribuição de um estágio civilizatório inferior ao "outro". Os chineses dividiram o mundo em regiões de diferentes graus de ordem. Quanto mais essas regiões estivessem afastadas do epicentro representado pelo Palácio Celestial em Beijing, menor qualidade de vida seus habitantes teriam. Na margem do mundo conhecido pelos chineses, os *bárbaros* enfrentavam o caos.

Favorecidos por uma localização geográfica que facilitava contatos mais frequentes com outras partes do mundo, os gregos e os romanos possuíam um conhecimento amplo sobre uma série de povos que viviam fora de seus próprios limites territoriais. Caso esses povos tivessem costumes, práticas e estilos de vida muito diferentes daqueles da tradição greco-romana, seriam estigmatizados com o mesmo rótulo com o qual os chineses categorizavam os seres que viviam distantes do Império do Meio. Para os gregos, por exemplo, "bárbaros" eram aqueles que "balbuciavam", e cujas línguas estranhas os afastavam da cultura helenista. Com o tempo, os romanos apropriaram-se do mesmo parâmetro. Como confirma Reinhard:

> Culturas politeístas como a grega ou a romana, a chinesa ou a japonesa, julgavam o estrangeiro de acordo com o parâmetro cultural e articulavam sua xenofobia natural em termos do desprezo por bárbaros. [...] Estrangeiros eram pessoas que não sabiam falar direito, não tinham maneiras, eram rudes e grossas, e não possuíam um sistema elaborado de escrita.[6]

---

[5] GEWECKE, Frauke. *Wie die neue Welt in die alte kam*. Stuttgart: Klett-Cotta, 1986, pp. 60ss.

[6] REINHARD, Wolfgang. *Globalisierung des Christentums?* Heidelberg: Universitätsverlag Winter, 2007, p. 11.

Povos monoteístas, por sua vez, apropriavam-se da dicotomia entre "fiéis" e "infiéis", acusando os últimos de superstição e idolatria. Nessa linha retórica, o contraste entre os "civilizados" e os "bárbaros" é substituído pela dicotomia "crente" *versus* "descrente". Os cultos dos povos situados na vizinhança de Israel, por exemplo, eram condenáveis porque "sacrificaram demônios" e "falsos deuses" (Deuteronômio 32,17), ou, no mínimo, veneraram imagens mortas no sentido de artefatos sem substância. Esses "ídolos são nada" e, para quem moldou tais imagens, "não lhes trazem nenhum proveito" (Isaías 44,9ss). Um idolatra põe

> [...] sua esperança em seres mortos, estes que chamam deuses a obras de mãos humanas, ouro, prata, lavrados com arte, figuras de animais, ou uma pedra inútil, obra de mão antiga. [...] Não se envergonha de dirigir sua palavra a este ser sem vida: para a saúde, ele invoca o que é fraco; para a vida, implora o que é morto; para uma ajuda, solicita o que não tem experiência; para uma viagem, dirige-se a quem não pode dar um passo e, para ter lucro e êxito em seus trabalhos e empresas, pede vigor ao que nenhum vigor tem em suas mãos! (Sabedoria 13,10-19).

Apesar de contatos cada vez mais frequentes e duradouros entre as culturas, os esquemas da desvalorização do "outro" sobreviveram na Idade Média e continuaram a dominar a mentalidade europeia no início da Idade Moderna. Boatos e ilustrações sobre povos deficitários ou até mesmo bizarros na "margem" da terra até então conhecida[7] e relatos de viagens inclinados a exageros, distorções e até mesmo a mentiras asseguraram a confiança na superioridade da própria cultura. Durante a maior parte da história do Cristianismo, a consciência da primazia absoluta representou um horizonte ideológico propício para atuações proselitistas. Fontes do século XVI sobre o Novo Mundo caracterizadas pelo costume de "desumanizar" as populações ali encontradas, por exemplo, não apenas serviam como planícies de projeção de uma imagem negativa do outro como

---

[7] SIMEK, Rudolf. *Monster im Mittelalter. Die Phantastische Welt der Wundervölker und Fabelwesen*. Köln: Böhlau, 2015.

A construção do diálogo

carente – em prol da legitimação de medidas colonialistas[8] –, mas também como justificativa de esforços missionários entre seres humanos até então privados da oferta salvífica manifesta no Evangelho.[9]

A partir do século XVII houve um aumento significativo dos materiais resultantes de documentações de observações cada vez mais detalhadas sobre povos "alheios" e seus ambientes naturais e culturais, inclusive suas crenças e práticas religiosas. Essa tendência ganhou nova qualidade no século seguinte, marcado pelo Iluminismo e pela ascensão da postura científica diante de fatos levantados. Um efeito inevitável dessa nova abordagem é sua função crítica ao familiar e à tradição que sustenta a suposta naturalidade do "óbvio". O novo gênero literário do relato científico de viagens, por exemplo, confrontou seus leitores com a descrição pormenorizada (e, como no caso da figura do "bom selvagem", às vezes glorificante) de realidades alternativas à da cultura europeia.[10]

O fluxo cada vez mais volumoso de informações gerou, entre os intelectuais da época, um forte interesse na constituição do ser humano. Essa curiosidade se consolidou nos séculos seguintes e culminou em disciplinas como a Etnologia e Antropologia. Simultaneamente, a Filologia – "a rainha da aprendizagem"[11] entre as disciplinas emergentes no início da Modernidade – contribuiu com traduções de um número impressionante de textos religiosos de várias origens, até então desconhecidos, para o saber

---

[8] HULME, Peter. *Colonial encounters: Europe and the native Caribbean, 1492-1797.* Cambridge: Cambridge University Press, 1986.

[9] GREIFF, Tobias. Die Neue Welt in deutschsprachigen Reiseberichten des 16. Jahrhunderts. Identitätsfindung und Selbstpositionierung über die Konstruktion der Fremdartigkeit. *aventinus varia* Nr. 31 [28.02.2012], <http://www.aventinus-online.de/no_cache/persistent/artikel/9265/>. Acesso em: 22/11/2016.

[10] HUPFELD, Tanja. *Zur Wahrnehmung und Darstellung des Fremden in ausgewählten französischen Reiseberichten des 16. bis 18. Jahrhunderts.* Göttingen, Universitätsverlag, 2007, pp. 22-23.

[11] BOD, Rens. *A New History of the Humanities. The Search for Principles and Patterns from Antiquity to the Present.* Oxford: University Press, 2013, p. 143.

qualificado sobre as diferentes culturas, inclusive suas crenças.[12] Sob essas condições, alargou-se o espectro de "modos da experiência do outro" como pré-requisito da superação de um "etnocentrismo cego", devido à falta da consciência da relatividade histórica e cultural do "próprio" diante da verdadeira riqueza do patrimônio espiritual da humanidade.[13]

Esse desenvolvimento se reflete também na história recente da teologia cristã e de sua busca por uma abordagem capaz de substituir tanto uma apologética limitada à "defesa e justificação das premissas do Cristianismo"[14] quanto uma missiologia que se apropria do conhecimento sobre o outro, sobretudo em função de aprimoramento de medidas proselitistas e da garantia de maior compatibilidade discursiva entre os agentes de missão e seus recipientes.

Essas posturas unilaterais foram seriamente desafiadas por uma autocrítica ao colonialismo e ao imperialismo ocidental e a seu fundamento ideológico diante da intensificada interpenetração das culturas e da aceitação do pluralismo cultural e religioso como elemento constitutivo e da "aldeia global". Já em 1905, Jordan constatou, em relação ao acúmulo de informações sobre o mundo religioso diversificado e à introdução do método comparativo nos estudos da religião, "uma grande mudança" no sentido de um "progresso enorme ou – até mesmo – maravilhoso" da Teologia em se ajustar a estas novas condições.[15]

O resultado foi uma virada do paradigma teológico que modernizou a apologia e a missiologia através de um intercâmbio das últimas com subdisciplinas teológicas mais recentes, a saber: a Teologia Comparada, a Teologia

---

[12] SANTOS, F. Delfim. Cronologia das traduções e das obras filológicas orientalistas. *Nuntius Antiquus*, n. 5, pp. 149-159, jul. 2010.

[13] SCHÄFFTER, Ortfried: Modi des Fremderlebens. Deutungsmuster im Umgang mit Fremdheit. In: SCHÄFFTER, Ortfried (org.). *Das Fremde. Erfahrungsmöglichkeiten zwischen Faszination und Bedrohung.* Opladen: Westdeutscher Verlag, 1991, pp. 11-42, especialmente p. 11.

[14] JORDAN, Louis Henry. *Comparative Religion – Its Genesis and Growth.* Edinburgh: T. & T. Clark, 1905, p. X.

[15] Ibid., p. 136.

A construção do diálogo

das Religiões e a Teologia Intercultural. Diferenciadas em alguns detalhes, essas abordagens procuram respostas à diversidade religiosa como problema inquietante do ponto de vista do compromisso com o Cristianismo. Nesse esforço teológico, compartilham o interesse na reconstrução de religiões "alheias", na empatia para com as lógicas internas dos sistemas estudados e na reflexão das suas particularidades à luz da fé cristã.[16]

Por um lado, esses desenvolvimentos no mundo acadêmico foram em parte incentivados por movimentos e eventos religiosos organizados com o objetivo de gerar fóruns para o diálogo inter-religioso. Por outro lado, o engajamento de representantes de diferentes comunidades religiosas em prol do intercâmbio com porta-vozes de outras tradições espirituais se aprofundou à medida que avançava o trabalho de teólogos interessados no levantamento de informações sobre religiões não cristãs, na comparação destes dados e na análise dos sistemas estudados à luz da fé cristã.

A literatura especializada sobre a prática do diálogo inter-religioso trata o Parlamento Mundial das Religiões como um divisor de águas na história do "macroecumenismo". O evento, que ocorreu entre 11 e 28 de setembro de 1893 por ocasião da Exposição Mundial em Chicago, reuniu 195 participantes. À maioria cristã juntaram-se, pela primeira vez na história ocidental, palestrantes em nome de religiões asiáticas, entre eles o hindu Swami Vivekananda (1863-1902); o cingalês e representante do Budismo Theravada Anagarika Dharmapala (1864-1933) e o mestre zen Soyen Shaku (1859-1919). A assembleia ofereceu para todos os participantes a oportunidade de apresentar a própria religião sob a condição de que nenhuma outra crença fosse criticada ou denunciada. Os participantes da reunião submeteram-se a uma regra básica constitutiva de qualquer diálogo, a saber:

A intenção não foi [...] de disputar, mas de consultar; não de exibir, mas de interpretar; não de vangloriar-se, mas de aprender; não de negociar,

---

[16] CLOONEY, Francis X. *Comparative Theology Deep Learning across Religious Borders.* Oxford, Wiley-Blackwell, 2010.

mas de investigar; não de implicar com, mas de compreender; não de destruir, mas de construir.[17]

Para muitos autores, o compromisso das religiões participantes com o princípio da cooperação teria representado a superação de constelações anteriores, caracterizadas pelo isolamento das culturas ou, até mesmo, pela confrontação entre as mesmas.

A apreciação comum do Parlamento Mundial das Religiões como "virada de paradigma" na convivência das religiões no mundo, porém, é problemática por três razões. A primeira delas: enquanto a reunião plurirreligiosa de 1893 emitiu um sinal importante no sentido da disponibilidade de cooperação e do intercâmbio entre representantes de diferentes religiões, ela não deu espaço para reflexões sistemáticas sobre questões típicas da Teologia Comparada, da Teologia das Religiões ou da Teologia Intercultural. Portanto, o simbolismo do Parlamento Mundial das Religiões justifica-se mais por estímulos para a prática do intercâmbio religioso do que por esforços teóricos quanto às condições, formas, chances e limites do diálogo inter-religioso. A segunda razão: o evento em Chicago resultou de uma ação coordenada de denominações protestantes norte-americanas. A Igreja Católica não desempenhou papel nenhum nesse sentido, o que questiona a caraterização generalizante do Parlamento como início de uma nova fase da coexistência das religiões. A terceira razão: o fato de que apenas uma meia dúzia de católicos não oficiais acompanharam as assembleias do evento sustenta ainda mais ceticismo diante da "glorificação" da reunião de 1893. Como se pode manter a imagem estereotipada do Parlamento das Religiões diante da ausência, no evento, de uma das instâncias religiosas mais acentuadas da história?

Com a realização do Concílio Vaticano II e a promulgação de documentos resultantes deste evento, em particular o Decreto sobre as Igrejas Orientais Católicas (*Orientalium Ecclesiarum*), o Decreto sobre o

---

[17] BOARDMAN, George Dana. The Parliament of Religions. *Independent*, 46, pp. 1677-1678, especialmente p. 1678.

A construção do diálogo

Ecumenismo (*Unitatis Redintegratio*) e, sobretudo, a Declaração sobre a Igreja e as Religiões Não Cristãs (*Nostra Aetate*), a conjuntura global da convivência entre as religiões superou as limitações acima apontadas. Não é necessário apropriar-se de uma linguagem floreada (qualificando o evento, por exemplo, como um "novo Pentecostes",[18] "revolução"[19] ou início de "uma nova época da história eclesiástica"[20]) para apreciar a suma importância do Concílio para a evolução das relações entre as religiões no mundo contemporâneo. Basta olhar para o desenvolvimento do relacionamento entre a Igreja Católica e as comunidades não católicas. Inúmeras iniciativas inspiradas pelo texto *Unitatis Redintegratio* contribuíram para uma aproximação gradativa ao Protestantismo.

Sem estes esforços não teriam sido pensáveis encontros ecumênicos em diferentes níveis das igrejas separadas, e é altamente sintomático para a convivência construtiva entre protestantes e católicos que em 2017, ano das festividades dos 500 anos da Reforma, o Escritório Filatélico e Numismático do Vaticano prestou homenagem ao evento por meio de um selo comemorativo que representa Martim Lutero e Filipe Melâncton ajoelhados diante do Cristo crucificado.[21]

Algo análogo vale para a Declaração *Nostra Aetate* que tem desempenhado um papel crucial para a transição do pensamento teológico de uma

---

[18] BISCHOF, Franz Xaver. Das Konzil – Ein neues Pfingsten (Johannes XXIII.). *Münchener Theologische Zeitung*, 64, pp. 413-424, 2013.

[19] GREELEY, Andrew. *The Catholic Revolution. New Wine, Old Wineskins, and the Second Vatican Council*. Berkely: University of California Press, 2004. SWIDLER, Leonard. The History of Inter-Religious Dialogue. In: CORNILLE, Catherine (org.). *The Wiley-Blackwell Companion to Inter-Religious Dialogue*. Hoboken: Wiley-Blackwell, 2013, pp. 03-10, especialmente p. 7.

[20] HERMANN, Otto. *Das Zweite Vatikanische Konzil: (1962-1965)*. Vorgeschichte – Verlauf – Ergebnisse – Nachgeschichte. Würzburg: Echter, 1993, p. 351.

[21] Vatikan bringt Briefmarke mit Luther und Melanchthon zum Reformationsjahr heraus <https://de.catholicnewsagency.com/story/vatikan-bringt-briefmarke-mit-luther-und-melanchthon-zu-ehren-der-reformation-heraus-2493>.

inquietação com o pluralismo religioso para uma teologia comparada,[22] cujos argumentos, questões e justificativas norteiam os diálogos inter-religiosos propriamente ditos. Por isso, a *"grandiosidade da* Declaração" não se restringe ao nível teórico e se faz continuamente sentir na *"abundância de amizades inter-religiosas"*[23] fechadas em inúmeros encontros entre católicos e seguidores de religiões não cristãs desde o Concílio.

2. Contextualização da Declaração *Nostra Aetate* no Concílio Vaticano II

Quando Angelo Giuseppe Roncalli (1881-1963) foi eleito papa, em 28 de outubro de 1958, tinha 76 anos. Devido à sua idade avançada, foi considerado um "papa de transição". Quase ninguém contava com a possibilidade de que fosse precisamente João XXIII que anunciaria, em 25 de janeiro de 1959, diante de um público seleto, sua intenção de convocar o vigésimo primeiro concílio ecumênico na história da Igreja Católica. Mais do que o mero propósito, surpreendeu os contemporâneos de João XXIII as dimensões do evento, posteriormente declarado como um dos mais famosos encontros da história da Igreja.

Inaugurado em 11 de outubro de 1962, o nomeado Concílio Vaticano Segundo (doravante, neste trabalho, Vaticano II) ultrapassou, em vários sentidos, as características de seu antecessor: o Concílio Vaticano Primeiro (Vaticano I). Este durou menos de um ano (de 8 de dezembro de 1869 até 20 de novembro de 1870). O Vaticano II, por sua vez, transcorreu por quatro anos, divididos em quatro sessões plenárias entre outubro e dezembro (1962) e entre setembro e dezembro (nos anos 1963-1965) e entre setembro e novembro (1964), respectivamente. Os intervalos foram marcados por

---

[22] SCHMALZ, Mathew N. Thinking with *Nostra Aetate*: From the New Pluralism to Comparative Theology, 2014. <http://crossworks.holycross.edu/cgi/viewcontent.cgi?article=1007&context= rel_faculty_pub>. Acesso em: 16/10/2016.

[23] FREDERICKS, James L. Introduction. In: FREDERICKS, James L.; TIEMEIER, Tracy Sayuki (org.). *Interreligious Friendship after Nostra Aetate*. New York: Palgrave Macmillan, 2015, pp. 1-7, especialmente p. 1.

A construção do diálogo

um trabalho intenso de peritos, secretários e membros das comissões conciliares, além do trabalho nas Igrejas locais.

Enquanto o Vaticano I tinha unido cerca de 800 participantes de diferentes partes do mundo, o Vaticano II assumiu um caráter universal inédito na história dos concílios, como demonstra, entre outras indicações, a composição do grupo dos padres conciliares presente na solene abertura dos trabalhos, no dia 11 de outubro de 1962. Estavam presentes 1.041 bispos europeus, 956 das Américas, 379 africanos e mais de 300 asiáticos. Levando em consideração também os secretários e peritos, mais de 7,5 mil protagonistas estiveram envolvidos nas atividades conciliares. Junto com os observadores e representantes da mídia, o Vaticano II foi frequentado por cerca de 10 mil pessoas.

O Vaticano I resultou na promulgação de duas constituições dogmáticas, intituladas *Dei Filius*, "Sobre a fé católica" (24 de abril de 1870), e *Pastor æternus*, "Sobre a Igreja de Cristo" (18 de julho de 1870). No decorrer do Vaticano II, 16 documentos foram promulgados. Há 4 constituições, a saber: as Constituições dogmáticas *Lumen Gentium* ("Luz dos povos", de 21 de novembro de 1964) e *Dei Verbum*, ("A Palavra de Deus", de 18 de novembro de 1965), a Constituição pastoral *Gaudium et Spes* ("Alegria e esperança" de 7 de dezembro de 1965) e a Constituição litúrgica *Sacrosanctum Concilium* ("O sacrossanto Concílio" de 4 de dezembro de 1963).

Além disso, foram promulgados os seguintes 9 decretos: *Unitatis Redintegratio* ("Sobre o ecumenismo", de 21 de novembro de 1964), *Orientalium Ecclesiarum* ("Sobre as Igrejas orientais católicas", de 21 de novembro de 1964), *Ad Gentes* ("Sobre a atividade missionária da Igreja", de 07 de dezembro de 1965), *Christus Dominus* ("Sobre a missão dos bispos na Igreja", de 28 de outubro de 1965), *Presbyterorum Ordinis* ("Sobre o ministério e a vida dos presbíteros", de 7 de dezembro de 1965), *Perfectae Caritatis* ("Sobre a atualização dos religiosos", de 28 de outubro de 1965), *Optatam Totius* ("Sobre a formação sacerdotal", de 28 de outubro de 1965), *Apostolicam Actuositatem* ("Sobre o apostolado leigo", de 18 de novembro de 1965) e *Inter Mirifica* ("Sobre os meios de comunicação social", de 4 de dezembro de 1963).

O grupo das declarações é composto por 3 documentos, quais sejam, *Gravissimum Educationis* ("Sobre a educação cristã", de 28 de outubro de 1965), *Dignitatis Humanae* ("Sobre a liberdade religiosa", de 7 de dezembro de 1965) e *Nostra Aetate* ("Sobre as relações da Igreja com as religiões não cristãs", de 28 de outubro de 1965).

A Declaração *Nostra Aetate* foi provavelmente o documento que mais contribuiu para a fama enigmática do Vaticano II. Até hoje se encontra a avaliação de que o posicionamento da Igreja sobre sua relação com outras religiões foi uma das maiores surpresas da assembleia. Esse apreço corresponde ao fato de que, na véspera do evento, quase nenhum representante da então inteligência católica considerava o tema digno de ser colocado na pauta conciliar. Isso revelou a consulta da comissão antepreparatória do Concílio. Nomeada em 17 de maio de 1959, seu coordenador, o cardeal secretário de Estado, Domenico Tardini, solicitou dos bispos e especialistas de universidades católicas, por meio de uma carta datada de 18 de junho de 1959, um posicionamento sobre assuntos cuja discussão deveria ser privilegiada nas sessões plenárias. Esperava-se que as respostas fossem dadas "com absoluta liberdade e sinceridade".[24]

O retorno ocorreu entre julho de 1959 e maio de 1960: 76,4% dos 2.812 destinatários reagiram construtivamente. Em termos relativos, a maior taxa das respostas veio da América Central (88,1%), seguida pela África (83,3%) e pela Europa (79,9%). Negativamente influenciado pelas barreiras colocadas pelos regimes comunistas de China e de Vietnã, a porcentagem (70,2%) das respostas do clero e de instituições acadêmicas asiáticas ficou abaixo da média. A Oceania, com 68,5%, ocupava o último lugar. O grande volume de material recolhido dessa maneira representava, de certo modo, uma "amostra significativa da mentalidade da Igreja mundial na metade

---

[24] ALBERIGO, Guiseppe. *História do Concílio Vaticano II*. V. 1: O anúncio e a preparação do Vaticano II. Petrópolis, 1996, p. 103.

do século XX".[25] Revelou a predominância de preocupações com questões referentes ao clero católico, à liturgia e à teologia católica convencional.

Diante disso, o problema da relação entre a Igreja e religiões não cristãs foi, em grande escala, negligenciado. Entre os poucos que chamaram atenção para o assunto, encontrava-se o arcebispo francês de Rangum (Birmânia), Monsenhor Victor Bazin, que solicitou a inclusão do debate sobre o status do Budismo enquanto religião.

Hoje, sabe-se que, apesar da falta da sensibilidade dos consultados pela significância de uma reflexão principal sobre a relação entre a Igreja católica e as religiões não cristãs, a assembleia conciliar acabou aprovando uma declaração com exatamente este conteúdo. Trata-se de um documento composto por 5 parágrafos. No início, constata, como uma das circunstâncias da vida humana *em nossa época* (latim: *nostra aetate*), a proximidade entre os diferentes povos. Ao mesmo tempo, afirma que essa situação representa um desafio para a Igreja que se compromete com a promoção da convivência harmônica e benevolente na terra. Acrescenta que todos os povos se caracterizam pela busca de verdade, demonstrando inquietações diante das questões existenciais que movem a humanidade.

O primeiro parágrafo termina com a confirmação de que, enquanto criaturas e diante da graça divina universal, todos os seres humanos são iguais. A seguir, o documento refere-se sucessivamente à quatro grandes religiões: Hinduísmo, Budismo, Islã e Judaísmo. O quinto parágrafo conclui as reflexões anteriores e assegura que

> a Igreja reprova toda e qualquer discriminação ou violência praticada por motivos de raça ou cor, condição ou religião. Consequentemente, o sagrado Concílio [...] pede ardentemente aos cristãos que [...] tenham paz com todos os homens, quanto deles depender, de modo que sejam na verdade filhos do Pai que está nos céus.

---

[25] SCHMIEDL, Joachim. *Das Konzil und die Orden: Krise und Erneuerung des gottgeweihten Lebens*. Vallendar-Schönstatt: Patris, 1999, p. 160.

A Declaração *Nostra Aetate* e os outros 15 documentos promulgados no decorrer do Vaticano II afirmam o intuito de João XXIII de atualizar o Catolicismo e suas instituições para que a Igreja superasse seu descompasso com a sociedade moderna. Trata-se de uma aspiração conhecida como *aggiornamento* (em português, "atualização"), expressão cunhada pelo papa como lema programático para a reunião ecumênica convocada por ele. O fato de que esta palavra italiana foi incorporada não apenas ao vocabulário eclesiástico, mas, sem tradução, também à linguagem comum, é um indicador da popularização rápida dos resultados do Concílio. Diversas inovações lançadas pela assembleia conciliar fazem hoje parte do cotidiano dos católicos no mundo inteiro. Devido à sua familiaridade, parecem "naturais" e autoexplicativas. Foi isso que Thomas Stransky, um dos membros da primeira equipe do Secretariado para a Promoção da Unidade dos Cristãos (hoje, Conselho Pontifício para a Promoção da Unidade dos Cristãos) da Igreja Católica e ex-diretor do Tantur Ecumenical Institute in Jerusalem, tinha em mente quando escreveu em 2005 um artigo para um magazine católico estadunidense afirmando:

> 40 anos mais tarde, a maioria dos leitores acha que *Nostra Aetate* existe por si só. Parece ser um produto final despojado de qualquer referência à [...] jornada que começou na metade de setembro de 1960 e terminou no dia da proclamação solene da Declaração, no 28 de outubro de 1965.[26]

A postura alternativa diante das conquistas do Concílio, inclusive a Declaração sobre a Relação da Igreja e as Religiões Não Cristãs, encontra-se no meio acadêmico norteada pelo princípio epistemológico de que nada do que se apresenta como "realidade" do ponto de vista da prática cotidiana pode ser tomado como garantido. Nesse ambiente surgiu, desde o encerramento do Concílio, uma vasta literatura especializada, cuja complexidade em termos de *insights* ultrapassa a capacidade de síntese do leitor comum.

---

[26] STRANSKY, Thomas. The Genesis of Nostra Aetate. *America*, v. 193, n. 12, pp. 8-12, especialmente p. 8, 2005.

O mesmo vale para as contribuições analíticas, que, "depois da conclusão do Concílio Vaticano II", somaram-se para "uma pletora de interpretação da sua significância".[27]

---

[27] D'COSTA, Gavin. Vatican II. *Catholic Doctrines on Jews and Muslims*. Oxford: Oxford University Press, 2014, p. 10.

CAPÍTULO II
O HORIZONTE HISTÓRICO
DA DECLARAÇÃO *NOSTRA AETATE*

1. O horizonte do Concílio Vaticano II

O aspecto formativo mais evidente da Declaração *Nostra Aetate* está no fato de que ela não teria sido formulada sem a convocação do Concílio. Neste sentido, repercutem no documento não apenas constelações históricas específicas imediatamente vinculadas à Declaração em particular, mas também pré-requisitos que o texto em questão compartilha com a assembleia. Uma contextualização adequada da Declaração requer que ambos os níveis sejam levados em consideração.

1.1. Levantamento de aspectos-chave

Em 1961, isto é, um ano antes da inauguração do Concílio, o cardeal alemão Joseph Frings (1887-1978), futuro integrante do colegiado presidencial da assembleia ecumênica, afirmou:

> Concílios sempre nascem dentro de um determinado contexto histórico [...]. Todos eles representam de maneira inconfundível uma época específica, em que a demanda de uma situação espiritual exigia a formulação mais precisa de uma ideia [...] que desde então pertence ao patrimônio da Igreja, e sempre lembrará o momento em que a ideia foi recebida.[1]

O olhar inicial ao horizonte determinante para o Vaticano II revela uma coexistência de duas tendências mundiais. Uma pode ser metaforizada como uma força centrípeta. Em palavras mais precisas, trata-se de uma

---

[1] FRINGS, Joseph. Das Konzil und die moderne Gedankenwelt. *Geist und Leben* 34, 1961, pp. 448-460, especialmente p. 448.

dinâmica coesiva sustentada por uma consciência crescente da universalidade e expressa por esforços de unificação de particularidades. A segunda tendência assemelha-se a uma força centrífuga enraizada em aspirações emancipatórias e autonomizantes. Em termos cronológicos, os cem anos anteriores ao Concílio foram, primeiro, dominados pela tendência centrípeta. Entre 1914 e 1918 e entre 1939 e 1945, respectivamente, essa dinâmica em andamento foi abruptamente interrompida pelas duas guerras mundiais. O espírito do construtivismo nas décadas pós-guerra refortaleceu o movimento centrípeto. Complementarmente e em muitos casos dialeticamente inter-relacionada com ele, intensificou-se a dinâmica particularista no sentido político-administrativo. Como os seguintes dados indicam, cada uma das dinâmicas, bem como as ambiguidades geradas entre elas, repercute em aspectos formais e características substanciais do Vaticano II.

Consciente das tendências centrípetas atuantes na época em que Joseph Frings redigiu seu artigo citado anteriormente, o cardeal alemão constatou:

> Talvez o que marca a situação espiritual contemporânea seja a diminuição do mundo e uma unidade totalmente nova da humanidade. Sem dúvida, tal experiência é sensível desde as viagens exploratórias do Cristóvão Colombo, mas apenas hoje, sob as condições extraordinárias da tecnologia, ela ganha relevância assustadora influenciando até mesmo a consciência do homem mais simples. [...] O rádio e a televisão levam o mundo inteiro para cada casa. Além disso, em qualquer cidade maior pode-se encontrar homens de todos os continentes – simplesmente porque o mundo é mais integrado.[2]

Mais adiante, o autor chamou a atenção para as implicações problemáticas da ascensão da tecnologia e mostrou-se preocupado com a "credulidade científica das massas" encontrada em diferentes partes do mundo contemporâneo. Segundo Frings:

---

[2] Ibid., p. 450.

A construção do diálogo

Enquanto há não muito tempo a humanidade era subdividida em inúmeras culturas particulares, uma cidade de hoje na China ou no Japão não é essencialmente diferente de uma na África do Sul, Europa ou América. As culturas particulares são cada vez mais sobrepostas por uma cultura tecnológica unificadora que, para usar uma metáfora, ainda permite alguns dialetos, mas em geral se transformou na linguagem espiritual comum da humanidade. Hoje, a humanidade inteira pensa e fala nas categorias da civilização tecnológica de formação euro-americana.[3]

Tomando posição como homem da Igreja, Frings acrescentou:

O surgimento das novas perspectivas globais tem desiludido o homem ocidental, tem lhe demonstrado os limites da sua significância cultural e histórica. Ao mesmo tempo, privou-lhe de um dos amparos externos da sua fé no status absoluto do Cristianismo e entregou-lhe ao relativismo que é um dos traços mais marcantes da vida espiritual do nosso tempo.[4]

Em termos institucionais, as tendências de "mundialização" tornaram-se sensíveis em eventos de grande escala organizados a partir da segunda metade do século XIX. Entre os exemplos para essa dinâmica encontram-se as Exposições Universais em Londres (1851, 1862), Paris (1855, 1867, 1878, 1889, 1900), Viena (1873), Filadélfia (1876) e Chicago (1900). Demais eventos sintomáticos nesse sentido são os Jogos Olímpicos da era moderna em Atenas (1895), Paris (1900), Saint Louis (1904) e Londres (1908). Aspirações globalizantes refletem-se também na institucionalização de entidades políticas de alcance global em prol de busca da superação das fronteiras nacionais e do estabelecimento de um consenso de maior abrangência e de validade estendida. Tais fóruns e organizações "transestatais" foram fundados para dar um espaço legítimo a negociações, mediações e vigilância em nível internacional. Entre os diversos exemplos desse tipo

---

[3] Ibid., p. 450.

[4] Ibid., p. 452.

institucional estão a Conferência de Paz em Washington (1861), que reuniu mais de cem políticos importantes de diferentes países, a União Telegráfica Internacional, estabelecida em 1865 com o objetivo de promover a cooperação mundial em questões relativas às comunicações por novas tecnologias, a União Postal Universal, estabelecida em 1874 com a tarefa de coordenar os serviços postais dos países membros, o Tribunal Permanente de Arbitragem, a mais antiga instituição de resolução de litígios internacionais, criado em 1899, a Organização Internacional de Trabalho, que em 1919 assumiu a tarefa de implementar princípios como o de liberdade, justiça, segurança e dignidade humana na área de trabalho.

Paralelamente às institucionalizações mencionadas, nesse período da História recente o movimento ecumênico ganhou forma expressiva. As iniciativas, contudo, foram tomadas por igrejas protestantes. A Igreja Católica manteve distância. Considera-se como evento simbólico inicial do movimento ecumênico a Conferência Mundial de Missões de Edimburgo, em 1910. Mais duas conferências foram realizadas nos anos entre as guerras mundiais, em Jerusalém (1928) e em Madras, na Índia (1938).

Todas as iniciativas em prol da convivência pacífica caíram por terra quando a Primeira Guerra Mundial começou, em 28 de julho de 1914. Até o seu fim, em 11 de novembro de 1918, por volta de 9 milhões de soldados e cerca de 6 milhões de civis perderam suas vidas. Isso foi o resultado do uso sem precedentes da ciência e tecnologia como ferramentas de destruição maciça, que trouxeram à humanidade uma nova qualidade em termos da intensificação dos meios de poder, da violência e da instrumentalização de todas as forças intelectuais, materiais, políticas, sociais e econômicas em função dos objetivos militares.

Na fundação da Liga das Nações, em 1919, repercutiram os traumas causados pelas atrocidades da Primeira Guerra Mundial. A criação dessa organização intergovernamental com inicialmente 42 membros resultou da reassunção de esforços institucionais em prol da criação de laços entre os diferentes povos.

A "dinâmica centrípeta" retomada nas décadas após a Primeira Guerra Mundial sofreu novo impacto negativo pelas hostilidades crescentes a partir da segunda metade da década dos 1930, as quais culminaram na Segunda Guerra Mundial. Seu enorme potencial destrutivo superou o da Primeira Guerra Mundial. Em sua sombra brotou uma das ocorrências mais abomináveis da história humana: o Holocausto. A conquista do poder por Hitler em 1933 preparou o terreno para a perseguição multifacetada dos judeus na Alemanha e, posteriormente, nos territórios anexados e ocupados pelas tropas nazistas. A partir da segunda metade de 1941, as ações antissemitas radicalizaram-se dramaticamente e diminuíram a população judaica na Europa de 9 milhões, em 1933, para menos da metade ao final da guerra. Estatísticas mais pessimistas contam com até 6 milhões vítimas do Holocausto.

Uma dimensão da superação desse passado extremamente problemático – em alguns países sentido mais dramaticamente do que em outros – reside na imposição de um sentimento de culpa em relação ao genocídio dos judeus sobre a consciência coletiva e a convicção da necessidade de providências em todos os segmentos da sociedade para que algo semelhante jamais viesse a se repetir.

Uma das manifestações do desejo de saldar as dívidas com esse capítulo sinistro da história é a reflexão sobre o papel da Igreja na fase em questão. Abstraindo alguns autores ligados ao Catolicismo que avaliam as tímidas medidas do Vaticano contra os regimes de Hitler e de Mussolini como provas de que os dois papas dos anos em questão não fechavam os olhos diante do antissemitismo e do Holocausto, é consensual na literatura especializada que a Igreja Católica não assumiu uma posição adequada. Em vez disso, demonstrava, sobretudo, passividade. Um aspecto frequentemente criticado é a retórica branda com a qual Pio XI (1857-1939) e Pio XII (1876-1958) reprovaram as ideologias nazistas e fascista. Por exemplo: em vez de chamar atenção explícita para a perseguição judaica e o terror do Holocausto, Pio XI identificou nas leis racistas de Mussolini apenas um "nacionalismo exagerado".[5] Igualmente problemático para os críticos é o

---

[5] LEWY, Guenter; MINERBI, Sergio Itzhak. Holocaust. The Catholic Church. In: SKOLNIK, Fred; BERENBAUM, Michael (ed.). *Encyclopaedia Judaica*. Detroit: Thomson-Gale, 2007. v. 9, pp. 370-374, especialmente p. 370.

fato de que os planos de Pio XI de lançar uma encíclica que condenasse o antissemitismo não foram publicados nem retomados por seu sucessor. Autores em desfavor de Pio XII citam como exemplo da hesitação do papa a encíclica *Summi Pontificatus*, lançada em 20 de outubro de 1939. Sob o subtítulo "os erros dos tempos presentes", a carta lamenta de maneira geral e sem nenhuma alusão ao antissemitismo o acréscimo de novos erros aos já existentes, o que causou "extremos dos quais não se podia originar senão desorientação e ruína". Isso vale também para um parágrafo posterior, que alude à chamada "Campanha da Polônia", durante a qual tropas alemãs invadiram o país vizinho onde, na época, viviam 3,35 milhões de judeus, ou seja, cerca de 10% da população judaica europeia. O trecho diz apenas:

> Do sangue de inúmeros seres humanos, mesmo de não combatentes, desprende-se lancinante brado, especialmente nessa dileta nação como a Polônia que, pela sua fidelidade à Igreja, pelos seus grandes méritos na defesa da civilização cristã, gravados em caracteres inde-léveis nos fatos da história, tem direito à simpatia humana e fraterna do mundo.

Diante desses fatos, O'Shea afirma que "a primeira preocupação do papa não era o resgate do povo judeu, mas o cuidado e a preservação da Igreja Católica". Mais adiante, o autor acrescenta:

> Se Pio XII cometeu um pecado em relação aos judeus de Europa du-rante o Holocausto, foi o pecado da consistência em pensamentos, palavras e ações. E se Pio é culpado por isso, ele não era o único. Os pecados da Igreja Católica durante o Holocausto têm que recair sobre toda a Igreja, não apenas sobre o Vigário de Cristo, bem como as ações dos justos têm que ser compartilhadas por toda a Igreja, inclusive pelo Vigário de Cristo.[6]

Na criação da Organização das Nações Unidas (ONU), em 24 de outubro de 1945, e que acabou substituindo a Liga das Nações, repercutiu a decisão

---

[6] O'SHEA, Paul Damian. *A Cross too Heavy. Pope Pius XII and the Jews of Europe*. New York: Palgrave Macmillan, 2011, pp. 224 e 171.

A construção do diálogo

inabalável dos seus idealizadores de tomar todas as providências políticas possíveis para inibir uma repetição futura dos terrores de ocorrências bélicas da dimensão da Segunda Guerra Mundial. Entre os seus 51 membros fundantes encontravam-se Estados localizados nos dois lados da "Cortina de Ferro", símbolo da tendência oposta às aspirações unificadoras, isto é, a dinâmica centrífuga altamente impactante para o destino do mundo pós--guerra. A simultaneidade das duas dinâmicas e as tensões geradas entre elas tornaram-se também evidentes em maio de 1947, quando a respectiva Comissão das Nações Unidas tomou a decisão majoritária de não prorrogar o Mandato Britânico da Palestina, em vigor desde 1920. Em maio do ano seguinte, foi fundado o Estado de Israel, que desde seu início teve que lidar com a resistência maciça contra a divisão da Palestina por parte do mundo árabe. Apenas algumas horas depois da sua proclamação, o novo Estado foi invadido por tropas egípcias, jordanianas, sírias, libanesas e iraquianas, que envolveram Israel na chamada "Guerra de Independência". Desde então, a região é uma das mais conflituosas da era pós-guerra.

Outro momento nos anos pós-guerra em que a ONU ganhou relevância para tendências "particularistas" está relacionado ao Artigo 73 da Carta das Nações Unidas, ratificada em junho de 1945. O respectivo artigo contém a Declaração Relativa a Territórios Não Autônomos. A última trata da situação e dos interesses dos povos que, à época da promulgação, ainda eram colonizados ou haviam recém-saído desta condição política. Desaprovando tal situação, os respectivos parágrafos afirmam o "respeito" da ONU "pela cultura dos povos interessados" e a oferta da Organização de auxiliar as novas nações "no desenvolvimento progressivo das suas instituições políticas livres". Vale lembrar que já a primeira articulação oficial da ONU demonstrou sensibilidade para com a importância da religião para a convivência humana. A palavra "religião" é mencionada quatro vezes. A relevância da carta torna-se evidente pelo fato de que o maior número dos Estados localizados em territórios até então colonizados ganhou sua independência nas duas décadas que se seguiram à Segunda Guerra Mundial. Como resultado dessas medidas, surgiram mais de 50 novos Estados formalmente autônomos. Uma consequência desse processo foi que os respectivos povos recuperaram sua autoestima, reavaliando seu passado, cultura pré-colonial e tradições religiosas autóctones.

Já nos anos entre guerras, Egito, Turquia e Irã, ou seja, três nações que atualmente ocupam o quinto, sexto e sétimo lugar do atual *ranking* dos países com a maior população islâmica, tinham recuperado sua liberdade. O primeiro Estado asiático que ganhou independência foi a Indonésia, dos holandeses (1945). O país é, hoje, o maior país muçulmano em termos demográficos. Dois anos mais tarde, a Índia ganhou sua liberdade ao custo de divisão do subcontinente em dois Estados nacionais, a República da Índia (30 lugar do atual *ranking* dos países islâmicos) e a República Islâmica do Paquistão (20 lugar da lista), da qual se separou Bangladesh (antigo Paquistão Oriental, que ocupa o 40 lugar), em 1971. Em 1948, dois países predominantemente budistas, Sri Lanka e Burma, emanciparam-se do governo britânico colonial. Em 1951, movimentos africanos de independência tiveram seus primeiros sucessos na região norte do continente, onde, além da Líbia, Marrocos (110 colocação do ranking demográfico de populações islâmicas) e Tunísia (120 posição na lista) superaram o domínio europeu. O Sudão (150 lugar da lista dos Estados majoritariamente islâmicos) entrou no palco político mundial como uma força autônoma em 1956, seguido pela Nigéria (80 lugar na lista atual), em 1960. Logo depois, países subsaarianos se beneficiaram do processo de descolonização. O primeiro Estado desta parte da África que ganhou sua liberdade formal foi Gana. No processo posterior de emancipação, a grande maioria dos Estados africanos tornou-se independente até 1961.

Um dos mais importantes documentos lançados pela ONU a dar apoio ideológico ao movimento emancipador ativo nas ex-colônias foi a Resolução n. 217, que contém a Declaração Universal dos Direitos Humanos adotada em 1948, cujo artigo 20 afirma:

> todo ser humano tem capacidade para gozar os direitos e as liberda-
> des estabelecidos nesta Declaração, sem distinção de qualquer espé-
> cie, seja de raça, cor, sexo, idioma, religião, opinião política ou de outra
> natureza, origem nacional ou social, riqueza, nascimento, ou qualquer
> outra condição.

Na Declaração, o termo "religião" aparece 5 vezes. No artigo 18, por exemplo, que se refere à liberdade de pensamento, consciência e religião, é afirmado que "este direito inclui a liberdade de mudar de religião ou crença e a liberdade de manifestar essa religião ou crença, pelo ensino, pela prática, pelo culto e pela observância, em público ou em particular".

As ocorrências políticas em prol da independência em diferentes partes do mundo, bem como a legitimação ideológica da busca pela autonomia em nome da dignidade inata do ser humano, tiveram um impacto significativo sobre o status da Igreja Católica nas regiões em questão. Para avaliar a nova constelação adequadamente, deve-se contemplar alguns elementos.

Por volta do fim do século XVIII, as atividades proselitistas da Igreja tinham entrado em crise. Entre outros problemas, houve uma queda significativa no número de missionários. Todavia, devido a diversas medidas específicas durante os papados de Gregório XVI (1831-46) e Pio XII (1876-1958), ou seja, em um período em que os poderes europeus intensificavam sua influência política nos respectivos territórios, o movimento missionário ganhou nova força. Um fator restaurador era a subordinação das missões nacionais sob a administração central. Outras determinantes constavam da criação de instituições missiológicas em diversos países europeus e da aceitação de mulheres como missionárias. Paralelamente, começou a formação do clero autóctone das igrejas recém-estabelecidas. Impôs-se cada vez mais fortemente a convicção de que as novas igrejas não poderiam ser meramente cópias do modelo europeu. Este *insight* incentivou, nos anos pré-conciliares, o desenvolvimento de teologias indígenas. Uma razão para essa mudança de atitude tinha a ver com a crescente autoestima dos países asiáticos e africanos, entre outros sinais, manifestada nos movimentos em prol da independência. Neste sentido, o processo de descolonização não apenas promoveu a reivindicação de diretos e articulação de interesses próprios por parte da população dos territórios até então dominados por poderes europeus, como também enfraqueceu a plausibilidade da suposta superioridade civilizatória diante de povos "pagãos". Em vez disso, as instâncias colonialistas eram confrontadas com a opinião pública de que a Guerra Mundial era uma prova dos defeitos morais do Cristianismo europeu. Tendo esse cenário em mente, Frings alertou em seu artigo de 1961:

> Em relação ao problema missionário, fala-se frequentemente de uma acomodação, isto é, a adaptação do patrimônio da fé às diferentes culturas nacionais. Sem negar a significância contínua deste problema [...] tem se que perguntar se não é igualmente iminente buscar para uma nova forma de anúncio que consiga submeter o pensamento da cultura unificada tecnológica contemporânea a Jesus Cristo.[7]

1.2. Exemplos da repercussão das circunstâncias formativas nos documentos conciliares

Uma leitura de diferentes documentos promulgados no decorrer do Concílio Vaticano II demonstra a sensibilidade dos padres conciliares para as condições materiais, políticas e ideológicas rudimentarmente resumidas no esboço supracitado. Um exemplo genérico é o seguinte trecho da Constituição Pastoral sobre a Igreja no mundo atual, *Gaudium et Spes*:

> Pela primeira vez na história dos homens, todos os povos têm já a convicção de que os bens da cultura podem e devem estender-se efetivamente a todos. Subjacente a todas estas exigências, esconde-se, porém, uma aspiração mais profunda e universal: as pessoas e os grupos anelam por uma vida plena e livre, digna do homem, pondo ao próprio serviço tudo quanto o mundo de hoje lhes pode proporcionar em tanta

---

[7] FRINGS, op., cit., pp. 448-460, especialmente p. 451.

A construção do diálogo

abundância. E as nações fazem esforços cada dia maiores por chegar a uma certa comunidade universal.

Enquanto a citação alude ao cenário geral e às ambiguidades principais da época, encontram-se inúmeras afirmações mais detalhadas que comprovam a pretensão da Igreja de dialogar, de acordo com os problemas específicos abordados pelo respectivo texto conciliar, com o mundo moderno. A preocupação do cardeal Frings com a ambiguidade do rádio e da televisão, por exemplo, repercute no Decreto *Inter Mirifica,* que reflete sobre o uso dos meios de comunicação social. Um parágrafo afirma:

> Procurem, de comum acordo, todos os filhos da Igreja, que os meios de comunicação social se utilizem, sem demora e com o máximo empenho nas mais variadas formas de apostolado, tal como o exigem as realidades e as circunstâncias do nosso tempo, adiantando-se assim às más iniciativas, especialmente naquelas regiões em que o progresso moral e religioso reclama uma maior atenção.

A significância do Decreto *Unitatis Redintegratio,* por sua vez, revela suas implicações, na medida em que se leva em conta o avanço do ecumenismo no mundo protestante e a hesitação da Igreja Católica de associar-se a este movimento. Deve-se lembrar que, durante anos, as reuniões do Conselho Mundial das Igrejas (CMI) ocorreram sem a presença de católicos e que apenas em 1961 a Igreja Católica mandou "observadores" para a reunião em Nova Délhi. Mais no fundo, entre as linhas do Decreto, vislumbra-se a carta de 15 de setembro de 1895, por meio da qual o Papa Leão XIII (1810-1903) reprovou a participação do cardeal norte-americano James Gibbons no Parlamento Mundial das Religiões (1893). Caso católicos tivessem o desejo de se reunir, eles deveriam se encontrar-se separadamente. Se representantes de outras religiões mostrassem um interesse nesses encontros, eles seriam bem-vindos, desde que os católicos responsáveis pelas reuniões estivessem conscientes de que hospitalidade não significava reciprocidade.

A Declaração *Dignitatis Humanae*, promulgada em 7 de dezembro de 1965, confirma – com expressões oportunas para a Igreja Católica e com justificativas teológicas próprias, em harmonia com a Declaração Universal dos Direitos Humanos, lançada 17 anos antes – que

> todos os homens devem estar livres de coação, quer por parte dos indivíduos, quer dos grupos sociais ou qualquer autoridade humana; e de tal modo que, em matéria religiosa, ninguém seja forçado a agir contra a própria consciência, nem impedido de proceder segundo a mesma, em privado e em público, só ou associado com outros, dentro dos devidos limites.

O reconhecimento da realidade alterada em diferentes outras partes do mundo, parcialmente em função da descolonização em regiões "clássicas" da missão, reflete-se, sobretudo, no Decreto *Ad Gentes*, focado na atividade missionária da Igreja. O parágrafo que informa sobre a preparação do missionário para suas tarefas religiosas, por exemplo, salienta a necessidade de uma formação que corresponda à realidade complexa encontrada nas regiões de missão. O texto exige que

> todos os missionários – sacerdotes, irmãos, irmãs, leigos – sejam preparados e formados, cada qual segundo a sua condição, de maneira a estarem à altura das exigências do trabalho futuro. Já desde o começo, de tal modo se processe a sua formação doutrinal, que abranja tanto a universalidade da Igreja como a diversidade das nações. E isto vale tanto de todas as disciplinas, em que se formam para o desempenho do ministério, como das disciplinas úteis para o conhecimento dos povos, das culturas, das religiões, com vistas não só ao passado, mas também ao tempo presente. Aquele, pois, que é destinado a outra nação, tenha em grande apreço o seu patrimônio, língua e costumes.

O respeito pelas culturas não cristãs se articula, entre outros documentos, na Constituição conciliar *Sacrosanctum Concilium* e no Decreto *Optatam Totius*. No primeiro texto, que reflete sobre a sagrada liturgia,

A construção do diálogo

encontra-se uma passagem sobre as normas para a adaptação da liturgia à índole e às tradições dos povos, em que se lê:

> Não é desejo da Igreja impor, nem mesmo na liturgia, a não ser quando está em causa a fé e o bem de toda a comunidade, uma forma única e rígida, mas respeitar e procurar desenvolver as qualidades e dotes de espírito das várias raças e povos.

No Decreto *Optatam Totius,* que se ocupa da formação sacerdotal, está escrito: "Uma vez que não podem dar-se senão leis gerais para tão grande variedade de povos e regiões, estabeleça-se em cada nação ou rito um peculiar 'Plano de formação sacerdotal'".

A Declaração sobre a Relação da Igreja e as Religiões Não Cristãs, *Nostra Aetate,* exprime o desejo de reverter a corresponsabilidade da Igreja pela perseguição sistemática dos judeus e pelo genocídio na época de Hitler, quando afirma que:

> A Igreja, que reprova quaisquer perseguições contra quaisquer homens, lembrada do seu comum patrimônio com os judeus, e levada não por razões políticas, mas pela religiosa, caridade evangélica, deplora todos os ódios, perseguições e manifestações de antissemitismo, seja qual for o tempo em que isso sucedeu e seja quem for a pessoa que isso promoveu contra os judeus.

Seu espectro estendido no sentido de inclusão de outras religiões mundiais na reflexão no documento se deve, em parte, ao caráter poliglota e multinacional do Concílio Vaticano II. As proporções comprovam que a assembleia foi "o verdadeiro evento mundial do Catolicismo de século XX",[8] encaixando-se na sequência das ocorrências de grande escala iniciadas pela "Exposição Universal" em Londres (1851). A presença dos padres conciliares da África e da Ásia fez diferença no meio de um público

---

[8] NACKE, Stefan. *Die Kirche der Weltgesellschaft. Das II. Vatikanische Konzil und die Globalisierung des Katholizismus.* Wiesbaden: Verlag für Sozialwissenschaften, 2010, p. 9.

cuja maioria era acostumada aos padrões de uma Igreja europeizada e insuficientemente preparada para enfrentar centenas de padres dos dois continentes e seus costumes, aparências e questionamentos. Neste sentido,

> o encontro com as Igrejas Católicas do Oriente fez parte das muitas experiências novas dos participantes do Concílio. Seus Patriarcas [...] chamaram atenção já por causa das suas magníficas roupas desconhecidas [...]. Relataram sobre o destino das pequenas comunidades cristãs no território muçulmano. E isso foi raramente agradável [...]. Elas eram marginalizadas, na melhor das hipóteses relutantemente aceitas.[9]

2. Aspectos contextuais específicos

Um trabalho focado nos pré-requisitos, conteúdo e impactos da Declaração *Nostra Aetate* não se pode contentar com a reconstrução das circunstâncias constitutivas do Concílio Vaticano II em geral. Em vez disso, o levantamento de dados relevantes deve avançar para ocorrências mais específicas e, em muitos casos, menos óbvias que os elementos resumidos nos parágrafos anteriores. A busca por esses dados mais "sutis" parte da hipótese de que, apesar da "surpresa" quase coletiva sobre a promulgação "inesperada" de um documento "não previsto", a Declaração não "caiu do céu", mas remonta a contribuições acadêmicas, abordagens teológicas e iniciativas políticas realizadas bem antes da convocação do Concílio. De acordo com o foco na relação da Igreja Católica com as duas outras religiões monoteístas, são apenas abordadas atividades e conquistas relacionadas ao Judaísmo e ao Islã. Incentivos envolvendo outras religiões não cristãs, como, por exemplo, a conversa entre João XXIII e o sacerdote xintoísta Shizuka Matsubara, em 30 de julho de 1962, são propositalmente omitidos. Como os dois próximos subitens demonstrarão, o horizonte relevante para a definição da postura do Catolicismo diante do Judaísmo

---

[9] FISCHER, Heinz-Joachim. *Zwischen Rom und Mekka. Die Päpste und der Islam.* München: Bertelsmann, 2009, p. 58.

A construção do diálogo

demonstra ser bem mais denso do que o conjunto de fatores determinantes para a relação entre a Igreja e os muçulmanos. Isso vale independentemente do intuito de apresentar, em seguida, apenas dados decisivos para a dinâmica histórica do surgimento do documento *Nostra Aetate* e seu conteúdo específico.

2.1. Aspectos contextuais específicos relevantes para a relação entre cristãos e judeus

A seguinte tentativa de resumir o horizonte dos trechos da Declaração *Nostra Aetate* que tratam da relação entre a Igreja Católica e o Judaísmo baseia-se na discriminação formal de três campos analiticamente separáveis, mas, na prática, muitas vezes intimamente relacionados. O primeiro campo abrange colaborações entre acadêmicos que contribuíram para um intercâmbio intelectual e um melhor entendimento da tradição do outro. Em segundo lugar, vale a pena lançar um olhar à área da Teologia e da Filosofia em que tanto cristãos quanto judeus se articularam diante da questão da relação ou distinção entre o Judaísmo e o Cristianismo. O terceiro setor é o das instituições ou organizações criadas com o objetivo de defesa do Judaísmo (enquanto religião moralmente digna, historicamente autossuficiente e espiritualmente funcional para seus seguidores) ou com o intuito de oferecer uma estrutura sólida para o intercâmbio bilateral.

Foram manifestações carregadas de simbolismo no sentido de uma mudança do espírito do tempo funcional para a relação entre cristãos e judeus no horizonte do surgimento da *Nostra Aetate*. Todavia, vale destacar que as poucas indicações de uma postura mais construtiva da Igreja Católica diante do Judaísmo eram acompanhadas por articulações opostas, sinalizando a determinação do Vaticano de continuar a manter e salientar sua política de demarcação categorial entre o Catolicismo e outras opções religiosas.

O Parlamento Mundial das Religiões, realizado em 1893 na cidade de Chicago, é um bom exemplo da intersecção dos campos analiticamente discriminados no parágrafo inicial deste subitem. Ele foi uma das manifestações de um início tímido dos contatos inter-religiosos entre judeus e cristãos por volta da virada do século XIX para o século XX. Por outro lado, sua dimensão e seu caráter oficial fizeram com que o evento fugisse das tendências predominantes na época. Medidas inter-religiosas nasciam geralmente de iniciativas isoladas, tinham um caráter pessoal e esporádico e não se caracterizavam como diálogos planejados e sistematicamente escutados.

Na literatura especializada, o Parlamento Mundial das Religiões é frequentemente citado como o início do "macroecumenismo" moderno. Era uma assembleia principalmente aberta para representantes de todas as religiões no mundo e contava, além de uma maioria composta por porta-vozes das denominações protestantes liberais norte-americanas, com a presença de religiosos do mundo inteiro, inclusive asiáticos de países como Índia, Sri Lanka e Japão. Antes do Parlamento propriamente dito, as diferentes religiões foram convidadas a organizar seus próprios congressos denominacionais. O pré-evento dedicado ao Judaísmo e o próprio Parlamento atraíram cerca de 20 eruditos judeus reformistas, entre eles os rabinos Marcus Jastrow, Henri Pereira Mendes, Isaac M. Wise, Alexander Kohut, Kaufmann Kohler e Emil Gustav Hirsch. O congresso denominacional foi aberto não apenas para o público em geral, mas também para a apresentação de falantes de outras crenças. Três cristãos participaram ativamente, a saber: o teólogo batista e especialista em hebraico e outras línguas orientais David Gordon Lyon (1852-1935), que na época era professor na Universidade de Harvard; Dionysios Latas (1836-1894), metropolita ortodoxo de Zante, Grécia, e, surpreendentemente e sem autorização do Vaticano, John Ireland (1838-1918), arcebispo de Saint-Paul, no Estado norte-americano de Minnesota. Lyon lembrou as importantes contribuições dos judeus e sua consonância com os valores e conquistas culturais norte-americanos. Apesar da sua apreciação do legado judaico no mundo, acabou afirmando sua esperança de que um dia os judeus pudessem reconhecer Jesus como messias. Latas dedicou sua palestra à refutação dos mitos

A construção do diálogo

pejorativos sobre o Judaísmo. Ireland elogiou o Judaísmo por ter trazido ao mundo a crença monoteísta. Além disso, exigiu, sem entrar em detalhes, o fim da perseguição dos judeus. A maioria dos judeus que se apresentou posteriormente no Parlamento Mundial seguiu a recomendação de alguns judeus estadunidenses eruditos e transformou o evento em um palco em prol da defesa do povo judeu contra o antissemitismo nos EUA e no exterior. O palestrante mais preocupado com o assunto foi o rabino Kaufmann Kohler (1843-1926), de Nova Iorque, que listou uma série de atribuições pejorativas ao povo judeu e as refutou uma a uma. A apresentação mais ousada foi a do rabino Emil Gustav Hirsch (1851-1923), que participou ativamente da organização do Parlamento Mundial das Religiões. Ele falou sobre seu ideal de uma "religião universal" baseada na crença no único Deus que se relaciona com toda a humanidade. Essa fé tornaria obsoletas as manifestações religiosas culturalmente limitadas, inclusive conceitos exclusivistas da salvação como o defendido pelo próprio Judaísmo. Depois do Parlamento Mundial das Religiões, alguns judeus liberais e líderes protestantes norte-americanos mantiveram contato pessoal em prol de intercâmbios teológicos pontuais e esporádicos. Diversos outros momentos da história da colaboração e/ou do intercâmbio entre judeus e cristãos no decorrer das décadas antes do Concílio Vaticano II são mais facilmente associáveis a uma das três categorias incialmente discriminadas.

Quanto à colaboração entre acadêmicos, vale lembrar os seguintes casos: ainda antes da Primeira Guerra Mundial houve em algumas universidades, sobretudo nos EUA, diversos casos de colaboração entre biblistas de ambas as religiões; outro exemplo é a *Jewish Encyclopedia*, planejada por judeus no início do século XX. Seus 12 volumes, com cerca de 15 mil verbetes, surgiram entre 1901 e 1906, e contêm também contribuições de alguns autores protestantes. Vale lembrar que a obra volumosa foi publicada pela editora Funk & Wagnalls (Nova Iorque), fundada pelos pastores Isaac Kaufmann Funk (1839-1912) e Adam Willis Wagnalls (1843-1924). Uma contribuição unilateral posterior e indiretamente importante para o diálogo inter-religioso foi a tradução do *Tanakh* (conjunto principal de livros sagrados do Judaísmo) do hebraico para a língua alemã por Franz Rosenzweig (1886-1929) e Martin Buber (1878-1965). Entre 1926 e 1929, eles trabalharam juntos. Depois da morte de Rosenzweig, Buber completou a obra e a finalizou em 1938. A acessibilidade a essa tradução autenticamente judia ajuda a conhecer o Judaísmo "por dentro" e oferece para o leitor não judeu um caminho útil para descobrir nuanças até então desconhecidas pelo público comum.

O padre católico Théomir Devaux (1885-1967), membro da ordem católica de Nossa Senhora de Sion, fundou em 1928 o jornal *La question d'Israël*, que se engajava em uma aproximação entre judeus e cristãos. Em 1940, a Gestapo proibiu o periódico – as ameaças dos nazistas, contudo, não impediram que Deveaux salvasse centenas de crianças judias da deportação para os campos de concentração. Apesar de um interesse religioso de conhecimento em função da missão aos judeus que norteava a redação e a seleção de artigos, a publicação contribuiu para um conhecimento mais adequado do Judaísmo. Algo semelhante vale para os primeiros números do jornal *Cahiers Sioniens*, fundado em 1947 por Théomir Devaux e Marcel Leroux. O rumo do periódico mudou em 1948, quando Paul Démann se juntou à equipe de redação assumindo uma nova perspectiva, menos favorável ao tom proselitista da publicação. Démann era judeu convertido e tinha sido membro da congregação dos padres de Sion desde 1937.

> Convencido de que a Igreja possuía uma missão especial em relação a Israel, ele se fez artesão de uma nova abordagem católica com relação ao povo judeu, desenvolveu uma teologia do ecumenismo e pregou o parentesco de fé entre judeus e cristãos. Hostil ao antissemitismo, o padre Démann afastou-se resolutamente da linha conversionista [...]. Seu objetivo era construir um apostolado mais intelectual, desligado de qualquer perspectiva missionária, em que as fundações teológicas das relações entre a Igreja e Israel fossem repensadas, na luta contra o antissemitismo.[10]

---

[10] COLOMBO, Maria Alzira da Cruz. A relação da congregação de Notre Dame de Sion com seu carisma: do antissemitismo teológico a uma relação de estima e respeito para com os

A construção do diálogo

Independentemente do trabalho filológico supracitado, Rosenzweig e Buber contribuíram para o intercâmbio com o Cristianismo como filósofos e teólogos que, por um lado, defenderam a própria fé contra interpretações maldosas e, por outro, abriram uma porta para possíveis interlocuções entre o Judaísmo e o Cristianismo. Aqui, Rosenzweig foi mais longe do que Buber. Mostrou-se confiante em um plano divino de salvação diferenciado, segundo o qual ambas as religiões desempenhariam papéis complementares. Enquanto o potencial salvífico do Judaísmo se restringe ao povo judeu, a mensagem cristã se dirige a todos os povos, universalizando, assim, o espectro de redenção e superando o autocentrismo judaico. De maneira recíproca, o Judaísmo representa a base do Cristianismo, lembrando-o permanentemente das suas raízes e objetivos.

Entre outras facetas de sua abordagem complexa, Martin Buber (1878-1965) posicionou-se criticamente diante da acusação cristã de que a não aceitação de Cristo como Messias se explicasse por "uma falta de vontade de acreditar" e "uma limitação fundamental da capacidade de enxergar a realidade, como a cegueira de Israel que impede de ver a luz".[11] Em reação à pretensão da Igreja de ter substituído o povo de Israel no plano divino de salvação da humanidade, Buber exige que o Judaísmo seja reconhecido pelos cristãos como uma força salvífica própria no mundo. Uma vez que "Deus é simplesmente superior a qualquer das suas manifestações" e "as portas divinas estão abertas para todos",[12] o Cristianismo não é um desafio para os judeus, bem como o Judaísmo não deve desafiar os cristãos. As doutrinas de ambas as crenças representam ênfases em aspectos específicos de um espectro legítimo de estilos religiosos. Uma religião salienta a importância do coletivo, a outra presta mais atenção ao indivíduo e, neste sentido, ambas podem aprender uma com a outra. Por isso, Buber sentia-se

---

judeus. *Revista Brasileira de História da Educação*, v. 15, n. 3 (39), pp. 141-166, especialmente p. 159, 2015.

[11] KIRCHE, Staat. Volk, Judentum. Zwiegespräche im Jüdischen Lehrhaus in Stuttgart am 14. Januar 1933. *Theologische Blätter*, n. 9, 12, 1933, colunas 257-27, especialmente coluna 267.

[12] Ibid.

à vontade em apreciar a figura de Jesus como um irmão familiar a ele desde sua infância. Semelhantemente, o rabino Leo Baeck (1873-1956), um dos mais importantes representantes do Judaísmo liberal antes e durante a Segunda Guerra Mundial na Alemanha, salientou nas suas publicações e palestras as raízes do Cristianismo no Judaísmo, advertiu que não se pode pensar o Cristianismo sem tomar o Judaísmo em consideração e apreciou Jesus como um personagem judeu importante. Uma das suas articulações, a palestra "A Igreja e o Judaísmo" (1948), é frequentemente citada. A fala sintetiza a postura de Baeck: nela, destaca a forte ligação histórica entre o Judaísmo e o Cristianismo e diversas semelhanças entre as duas fés. Diante dessa proximidade, apelou a seus ouvintes de ambos os lados a se entenderem, se apreciarem e a coexistirem de maneira cooperativa.

Afirmações como as de Rosenzweig, Buber e Leo Baeck foram apoiadas por uma minoria de teólogos cristãos que, na época, estava bem à frente do seu tempo. O exemplo mais óbvio é o do teólogo norte-americano Reinhold Niebuhr (1892-1971), reconhecido por sua grande influência sobre o pensamento político do seu país, mas, também, por sua postura então incomumente construtiva diante do Judaísmo. A partir de 1926, Niebuhr opôs-se à postura triunfalista prevalente nas décadas antes da Primeira Guerra Mundial e declarou que o Cristianismo e o Judaísmo encontram-se no mesmo patamar espiritual. A religião judaica merece respeito por oferecer para seus aderentes um apreciável conforto espiritual e uma orientação moral válida.

Com sua opinião, Niebuhr desafiou a maioria dos seus colegas protestantes e católicos e sua orientação no raciocínio dos pais da Igreja primitiva, para quem o povo de Israel tinha perdido seu status especial previsto no plano divino no momento em que rejeitou Jesus, o Messias. Nem sempre uma imagem pejorativa do Judaísmo foi justificada com esse argumento. O teólogo protestante e historiador das igrejas Karl Gustav Adolf von Harnack (1851-1930), por exemplo, considerava a tradição judaica "apenas" uma religião mórbida, estagnada e incapaz de se renovar. Seu contemporâneo Rudolf Otto (1869-1937), também teólogo protestante e

A construção do diálogo

autor do famoso livro *Das Heilige* [O Sagrado], que afirma a igualdade essencial das religiões, demonstrou as limitações de sua própria abordagem supostamente universalista. Em uma publicação anterior (1911) da sua "obra magna" (1917), apontou para a "tragédia" do Judaísmo, lamentando que seus "membros, depois de terem rejeitado todos os bens mais autênticos e sublimes de seu folclore e do seu espírito, agora lamentam sobre sua religião mumificada, preservando suas crostas e seus trajes".[13]

Quanto à fundação de instituições ou organizações que tiveram um impacto sobre o diálogo judeu-cristão ou ofereceram uma estrutura firme para este intercâmbio, deve ser lembrado o horizonte sociocultural em que tais inciativas foram tomadas. Por um lado, uma onda de pacifismo em reação à Primeira Guerra Mundial contribuiu para a consciência crescente entre os líderes de igrejas norte-americanos de que a convivência construtiva dentro do território nacional seria o pré-requisito para a convivência harmônica em nível internacional. Cada grupo doméstico, portanto, teria a obrigação moral de contribuir para a realização desse ideal.

Simultaneamente, intensificaram-se sentimentos antissemitas que, gradativamente, contaminaram os diferentes segmentos de vida e afetaram até mesmo o Cristianismo institucionalizado. Na Alemanha, por exemplo, uma série de homens de Igreja colaborou com os nazistas. Na Inglaterra, o caso do Padre Charles Coughlin é sintomático do fato de que, então, o princípio cristão do amor incondicional pelo próximo fracassou de maneira fatal. Coughlin, um dos primeiros a se apropriarem do rádio para a divulgação do Evangelho, usou seus programas para atacar os judeus. As mensagens sedutoras do padre caíram em solo fértil, igualmente alimentado por uma série de outras fontes de mesmo teor pejorativo. O exemplo mais gritante é o do panfleto "The Protocols of the Elders of Zion" [Os protocolos dos sábios de Sião], que acusou os judeus da intenção de quererem dominar o mundo. O texto foi traduzido em várias línguas e maciçamente

---

[13] OTTO, Rudolf. Vom Wege. *Die christliche Welt*, v. 25, n. 30, pp. 708-709, especialmente p. 709, 1911.

distribuído devido ao apoio do fundador da fábrica de automóveis norte-americana Ford, Henry Ford (1863-1947), que financiou a impressão de 500 mil exemplares para a alegria de Hitler e dos algozes nazistas.

A perseguição sistemática dos judeus terminou com a derrota das ditaduras alemã e italiana. À medida que foram sendo revelados detalhes sobre as atrocidades do Holocausto, o antissemitismo tornou-se inaceitável para a grande maioria das populações europeia e americana. Sob essas condições, cristãos viram o diálogo inter-religioso como uma das formas de reabilitação dos judeus.

A busca por uma coexistência pacífica entre os diferentes grupos nos EUA foi um elemento programático para a fundação do Federal Council of the Churches of Christ in America [Conselho Nacional para as Igrejas de Cristo na América] ainda antes da Segunda Guerra Mundial. A organização foi composta de mais de 20 denominações protestantes. Alarmados pelas hostilidades contra os judeus nos EUA, alguns dos membros do Council criaram em 1923 o Committe on Goodwill Between Jews and Christians [Comitê da Boa Vontade entre Judeus e Cristãos] e incentivaram a Central Conference of American Rabbis Christus Dominus [Conferência Central dos Rabinos Americanos] a criar uma associação complementar por parte do Judaísmo liberal. No fim de 1924, as duas organizações lançaram uma declaração conjunta afirmando que cada religião respeitaria a integridade da outra e apoiaria a livre realização de objetivos religiosos de cada uma das partes; adicionalmente, os cristãos declararam que desistiriam de qualquer esforço proselitista em relação aos judeus. No mesmo ano, o National Council of Christians and Jews [Conselho Nacional de Cristãos e Judeus] foi estabelecido na Grã-Bretanha como um fórum para o diálogo entre representantes de igrejas protestantes liberais, representantes católicos e líderes judeus. Tratava-se, sobretudo, de teólogos e outros acadêmicos que se dedicaram a um intercâmbio intelectual.

Em 1926, foi fundada em Roma a Opus sacerdotale Amici Israel, entidade de curta duração, porém de suma importância para o diálogo entre

A construção do diálogo

judeus e cristãos no mundo católico no longo prazo. Por trás da iniciativa de estabelecimento dessa associação estavam o padre holandês da congregação de Santa Cruz, Anton van Asseldonk (1892-1973), sua compatriota Sophie van Leer (1892-1918) – que, como convertida do Judaísmo ao Catolicismo, tinha conhecimento íntimo de ambas as religiões – e o frade franciscano Laetus Himmelreich (1886-1957). O último era tio-avô de Jacob Willebrands, um dos integrantes do Secretariado para a Promoção da Unidade dos Cristãos e um dos redatores do documento *Nostra Aetate* durante o Concílio Vaticano II.

Em pouco tempo, a Opus sacerdotale Amici Israel ganhou mais 3 mil membros, dentre eles diversos bispos e cardeais. Tinha como objetivos a posição da Teologia Católica sobre o Judaísmo, a superação do antissemitismo dentro e fora da Igreja e a revisão dos elementos litúrgicos referentes ao Judaísmo, particularmente da parte da liturgia da Sexta-feira Santa *"Pro perfidis Iudaeis"*, cujo título polissêmico estava aberto para uma leitura ambígua ou no sentido de serem os judeus "infiéis" ou de serem "traiçoeiros". Assustado pela dimensão quantitativa em termos de membros, bem como pelas polêmicas geradas pelas posições e atividades, o Santo Ofício, em concordância com o Papa Pio XI, lançou em 25 de março de 1928 um decreto de dissolução da associação. Esse documento afirmou que, até a encarnação de Cristo, o povo judeu era o povo eleito e "guarda das promessas divinas". Portanto, com a chegada de Jesus, Deus encerrou a Antiga Aliança. A preocupação do Vaticano com o trabalho supostamente subversivo da Opus sacerdotale Amici era tão profunda que ainda no fim de 1944 a suprema e sacra Congregação do Santo Ofício (a atual Congregação para a Doutrina da Fé) abriu um processo contra o padre capuchinho Benedetto da Bourg d'Iré, que se havia engajado no atendimento e resgate de fugitivos judeus para Roma. Logo depois destas atividades de caridade, Padre Benedetto iniciou uma série de palestras para aprofundar e intensificar a aproximação entre judeus e cristãos. Uma vez que o Vaticano suspeitou de que se tratasse de um esforço para revitalizar a proibida Opus sacerdotale Amici, o Santo Ofício interferiu exigindo do sacerdote que deixasse claras as diferenças essenciais entre o Antigo e o Novo Testamento e salientasse a superioridade de mensagem de Jesus nas suas palestras.

Em 1927, foi inaugurada nos Estados Unidos a National Conference of Christians and Jews [Conferência Nacional de Cristãos e Judeus]. Ela foi o prelúdio para a criação de outros conselhos nacionais, em diversos países, com o objetivo de promover o diálogo entre judeus e cristãos e combater o antissemitismo. Posteriormente, foi fundada uma série de associações homônimas em outros países que, a partir de 1946, acabaram por se integrar em uma rede intitulada International Council of Christians and Jews [Conselho Internacional de Cristãos e Judeus].

Em novembro 1950, foi publicada uma carta do secretário do Estado do Vaticano referente à participação de católicos de encontros do International Council of Christians and Jews. Sua justificativa era de que, embora os eventos tivessem a intenção de combater o antissemitismo, o Conselho agia também em prol de educação religiosa norteada no princípio da tolerância e da indiferença diante de nacionalidade, raça e confissão – o que era inaceitável do ponto de vista católico. Portanto, pessoas que na vida católica ocupassem um lugar importante não deveriam participar daquele tipo de reunião; os encontros também não deveriam ser organizados em espaços físicos pertencentes à Igreja Católica.

A situação na Alemanha depois da Segunda Guerra Mundial era obviamente diferente da de outros países europeus. Imediatamente após o conflito, havia apenas poucas iniciativas de reconciliação entre cristãos e judeus. Ao mesmo tempo, existiam fortes tendências por parte do Protestantismo de proselitismo com os judeus. Por parte dos católicos, nenhuma posição oficial quanto ao nazismo e à reconciliação entre cristãos e judeus foi formulada. Pio XII e os bispos da Alemanha deram prioridade à construção de uma Europa cristã que poderia servir como bastião contra o comunismo.

Havia apenas algumas iniciativas tomadas por leigos. Um exemplo é o Deutsches Institut für Psychologie und die Überwindung des

Antisemitismus [Instituto Alemão para a Psicologia e a Superação do Antissemitismo], estabelecido em 1945 pelo psicólogo católico Michael Müller-Claudius, em Friburgo. Já em 1925, Müller-Claudius tinha lançado o periódico *Der Morgen, Monatsschrift der Juden in Deutschland* [A Manhã, Publicação Mensal dos Judeus na Alemanha], jornal mensal que se opôs ao antissemitismo. Era objetivo do Instituto entender como a instrução religiosa de todas as confissões continuava a ser uma fonte de sentimentos antissemitas. Na busca de respostas, Müller-Claudius incentivou teólogos protestantes e católicos a identificarem esse tipo de elementos em seus dogmas e ensinamentos nas escolas. Outra personagem de fé católica na época era Gertrud Luckner (1900-1995), que se tornou ativista em prol da reconciliação entre cristãos e judeus. Em 1947, ela fundou um grupo de trabalho composto por seguidores de ambas as religiões, que, a partir de 1948, publicou, junto com Karl Thieme (1902-1963), o periódico *Freiburger Rundbrief*, dedicado à superação de preconceitos contra judeus e ao diálogo com eles. Era uma convicção dos aliados que diálogos entre cristãos e judeus deveriam fazer parte do processo de democratização da Alemanha no pós-guerra.

Dividido em 4 zonas, cada uma controlada por uma das potências vencedoras da Segunda Guerra Mundial (EUA, Grã-Bretanha, França e URSS), as três parcelas da então Alemanha Ocidental (sob intervenção americana, francesa e britânica) foram beneficiadas por medidas de democratização tomadas pelos norte-americanos. Um dos procedimentos era a promoção de atividades inter-religiosas por meio da "importação" de grupos internacionais afins envolvendo alemães comprometidos com a "causa" do diálogo inter-religioso. Dessa combinação surgiram, entre 1948 e 1953, nas três zonas, cerca de uma dúzia de associações dedicadas à cooperação cristã-judaica. A primeira foi a Gesellschaft für christlich-jüdische Zusammenarbeit [Sociedade para a Colaboração Cristã-Judia), fundada em Munique e patrocinada por instituições já existentes, como a National Conference of Christians and Jews [Conferência Nacional de Cristãos e Judeus], dos EUA. Esta última enviou um colaborador de longa data, o pastor metodista Carl F. Zietlow, de Minnesota, que deu assistência na instalação da "filial" alemã. O conselho diretivo da *Gesellschaft* era composto por políticos locais, bem como por membros católicos, protestantes e judeus. Era objetivo declarado da associação superar os preconceitos entre pessoas de diferentes origens nacionais, religiosas e sociais.

Nos anos seguintes, surgiram entidades correspondentes em lugares como Wiesbaden, Stuttgart, Frankfurt e Berlim. Para dirigir as atividades dos diferentes grupos, foi fundado em março de 1949 o Deutscher Koordinierungsrat der Gesellschaften für Christlich-Jüdische Zusammenarbeit [Conselho Coordenador das Sociedades da Cooperação Cristã-Judaica]. A composição partidária da cúpula do *Koordinierungsrat* seguiu o modelo das entidades locais, incluindo como pessoas responsáveis por esse órgão protestantes, católicos e judeus.

Um dos mais importantes eventos do movimento internacional da colaboração em andamento entre judeus e cristãos dos anos 1940 foi a International Emergency Conference on Anti-Semitism [Conferência Internacional de Emergência sobre Antissemitismo] em Seelisberg, Suíça (realizada de 30 de julho a 5 de agosto de 1947). Dessa reunião participaram cerca de 70 pessoas de 17 países, inclusive 28 judeus, 23 protestantes e 9 católicos, que se pronunciaram pessoalmente e não como representantes oficiais de suas comunidades de fé. Um dos protagonistas dessa conferência foi o historiador francês de ascendência judaica Jules Isaac, que mais tarde desempenharia um papel significativo para a colocação do tema do Judaísmo na agenda do Concílio Vaticano II. O evento foi organizado em 5 comissões que discutiram estratégias em prol de uma cooperação judaico-cristã intensificada para se combater o antissemitismo.

O comunicado final da assembleia, lançado em 5 de agosto de 1947, é composto pelos chamados "Dez pontos de Seelisberg", nos quais repercutem as contribuições anteriores de pensadores judeus e cristãos motivados pelo desejo de promover uma nova percepção mútua sem negligenciar as diferenças religiosas características de cada uma das duas comunidades

A construção do diálogo

envolvidas. Três intelectuais judeus significativos participantes já foram citados (Rosenzweig, Buber e Baeck). Entre os autores cristãos, exemplos no mesmo sentido encontram-se no reverendo anglicano James Parkes (1896-1981), bem como nos teólogos católicos Karl Thieme (1902-1963), Paul Démann (1912-2005) e Malcolm Hay (1881-1962).

O comunicado direcionava-se às igrejas cristãs, chamando atenção para a recente explosão do antissemitismo e suas horrorosas consequências. Advertia para o fato de que o horror da guerra não havia acabado com a imagem pejorativa dos judeus. Em vez disso, os sentimentos negativos prevaleceriam com força e continuariam a envenenar as mentes de cristãos. No passado, não teriam faltado afirmações de igrejas cristãs de que o antissemitismo seria incompatível com os ensinamentos de Cristo. Mesmo assim, cristãos não se abstiveram de manifestações de ódio aos judeus. Na esperança de superar essa postura destrutiva, os autores da Declaração salientam que o Antigo e o Novo Testamentos testemunham o mesmo Deus. Além disso, destacam a origem judia de Jesus, de seus seguidores e dos testemunhos imediatos do Cristianismo. Chamam também a atenção para a abrangência universal do amor indiscriminado de Cristo. Além disso, a Declaração preocupa-se com a associação generalizada dos conceitos "judeu" e "inimigo de Jesus", esclarecendo:

> Não se deve apresentar a Paixão de Jesus como se todos os judeus, ou somente os judeus, tivessem incorrido na odiosidade da crucificação. Não foram todos os judeus que pediram a morte de Jesus, nem foram somente judeus que se responsabilizaram por ela. A cruz, que salva a humanidade, revela que Cristo morreu pelos pecados de todos.[14]

O comunicado termina com algumas sugestões práticas para futuras relações construtivas entre as duas religiões. Uma medida proposta foi a inclusão do estudo profundo da Bíblia e da história pós-bíblica do povo

---

[14] FRIENDS OF SION. Os dez pontos de Seelisberg. <http://friendsofsion.org/br/index.php/dez/>. Acesso em: 09/09/2016.

judeu e do destino dos judeus em diferentes níveis da educação dos cristãos. Além disso, sugere a correção de informações inadequadas sobre os judeus em todas as publicações cristãs.

Inspirado pelo "espírito de Seelisberg", Anton Ramselaar (1899-1981), padre católico holandês e presidente do Katholieke Raad voor Israel [Conselho Católico para Israel], organizou 2 outras conferências internacionais que juntaram representantes de alto nível intelectual do Judaísmo e do Cristianismo para um intercâmbio. Ambos os eventos (realizados de 9 a 13 de agosto de 1958 e de 28 de agosto a 10 de setembro de 1960, respectivamente) ocorreram na cidade de Apeldoorn (Holanda). As listas dos participantes incluíam os nomes dos católicos mais conhecidos no campo do diálogo inter-religioso da época, entre eles Karl Thieme (1902-1963), coeditor do *Freiburger Rundbrief*, e Paul Démann, Leo Rudloff e John Oesterreicher, personagens posteriormente envolvidos, de uma forma ou de outra, na redação da Declaração *Nostra Aetate*. Na segunda conferência, circulavam boatos sobre a criação iminente do Secretariado para a Promoção da Unidade dos Cristãos, que seria responsável pela redação de um documento conciliar sobre a relação entre a Igreja e os judeus. A informação foi confirmada por Paul Démann e John Oesterreicher, que tinham combinado com o futuro membro fundante do Secretariado, Johannes Willebrandts, que os resultados da reunião em Apeldoorn seriam transmitidos à equipe em Roma para facilitar o seu trabalho. Os pontos comunicados a Willebrandts atingiam os problemas-chave a serem solucionados pela futura comissão, tais como a importância de Abraão para a história comum das crenças monoteístas, a relação entre a Antiga e a Nova Aliança e a questão do envolvimento dos judeus na morte de Cristo.

Os sinais positivos emitidos por protagonistas cristãos engajados na melhoria da relação com os judeus foram obviamente registrados pelo Vaticano. Antes do Concílio, porém, o clima mais favorável para o diálogo não se manifestou em mudanças práticas de grande porte no nível da Igreja oficial. Houve, porém, sinais isolados antecipando timidamente as futuras mudanças de atitude da Igreja Católica diante de religiões não cristãs definidas pelo Concílio Vaticano II.

Um desses sinais foi emitido por Pio XII, por ocasião da abertura da *Porta Santa* em Roma, em 23 de dezembro de 1950, ato que simboliza o início de um *Ano Santo*. Segundo o papa, a porta sagrada seria aberta não apenas para os seguidores de Cristo. Com essas palavras, ele aludia aos judeus e à sua negação de que Jesus era o Messias "proclamado pelos profetas". Embora o enunciado não tivesse sido reconhecido pela maioria do povo do Israel, o papa ofereceu aos judeus saudações paternais. Não se tratou de uma menção ligeira, mas de uma frase altamente significativa que John Oesterreicher, integrante da equipe conciliar responsável pela elaboração da Declaração *Nostra Aetate*, avaliou posteriormente como a primeira afirmação eclesiástica que contextualizou a "questão judaica" em um quadro ecumênico.

Uma citação semelhante de Pio XII encontra-se na Encíclica *Evangelii praecones*, de 2 de junho de 1951. Dessa vez, o papa não se contentava com a menção de uma religião específica. Em vez disso, posicionou-se de maneira positiva diante da herança espiritual de "vários povos". A frase em questão diz:

> A Igreja, desde a origem até hoje, sempre seguiu a norma prudentíssima de não permitir que o Evangelho destrua, nos vários povos que o recebem, qualquer parcela da bondade e beleza que enriquece a índole e o gênio de cada um. A Igreja, quando civiliza os povos sob inspiração da religião cristã, não procede como quem corta, lança por terra e extermina uma floresta luxuriante, mas, sim, como quem enxerta árvores bravas com qualidades escolhidas, para que elas venham a dar frutos mais saborosos e sazonados.

Mais concreta foi uma medida tomada por João XXIII a respeito da oração tradicional para os "pérfidos judeus", realizada durante séculos na liturgia da Sexta-feira Santa. Já no *Sacramentarium Gelasianum*, coletânea litúrgica oriunda do século VII ou do início do século VIII, encontra-se o imperativo *"Oremus et pro perfidis Judaeis"*, frase com a qual as católicos presentes na celebração eram convidados a orar pelos judeus. Durante as preces, segundo o missal, a comunidade tinha que ficar de joelhos, bem como no caso de qualquer outra oração. No fim do século VIII, encontram-se as primeiras obras litúrgicas que suspenderam essa obrigação de oração pelos judeus. Logo depois se tornou comum que a oração em questão fosse feita de pé. O fato de que esta suspensão se referia exclusivamente à oração para os judeus é sintomático e salienta as conotações pejorativas associadas à respectiva parte da solene ação litúrgica da Sexta-feira Santa.

Já em 1938, monges beneditinos residentes na Alemanha e em oposição ao governo nazista optaram – contra o espírito do tempo antissemita do Terceiro Reich – por traduzir a expressão *"perfidis Judaeis"* como "judeus descrentes", desta maneira atribuindo uma conotação mais branda do que associações como "deslealdade", "falsidade" ou "traição", que eram favorecidas pela leitura do polêmico adjetivo latino. Em 1943, a busca por superar as implicações problemáticas da expressão ganhou um novo impulso pela Encíclica *Divino Afflante Spiritu*, em que o Papa Pio XII se mostrava favorável a novos caminhos de investigação da Sagrada Escritura. Essa abertura favoreceu também uma revisão da "Carta aos Romanos", cujos capítulos de 9 a 11 serviam como justificativa para a inclusão da oração pelos *"perfidis Judaeis"* na celebração da Sexta-feira Santa.

O antissemitismo e mais tarde o Holocausto foram decisivos para a sensibilização da Igreja Católica em face da problemática dos elementos litúrgicos antes esboçados. A primeira medida tomada depois da Segunda Guerra Mundial faz parte do Decreto *Maxima redemptionis nostrae mysteria*, lançado pela Sagrada Congregação dos Ritos, em 16 de novembro de 1955. Com a intenção de redefinir as celebrações durante a Semana Santa, o Decreto retoma a antiga prática e define que a prece pelos judeus deve ser feita na postura ajoelhada. Em 21 de março de 1959, numa carta enviada ao clero de Roma referente à celebração da Sexta-Feita Santa, João XXIII decretou a substituição do convite *"Oremus pro perfidis Judaeis"* pela expressão simplificada *"Oremos pro Judaeis"*. Analogamente, foi retirado o

A construção do diálogo

termo "perfidiam" citado durante a própria oração, em favor da frase simplificada *"Deus qui etiam Judaeos a tua misericordia non repellis"* [Ó Deus que, mesmo aos judeus, não afastais da vossa misericórdia...].

2.2. Aspectos contextuais específicos relevantes para a relação entre cristãos e muçulmanos

Por dois motivos principais, a situação da conexão entre o Cristianismo e o Islã nas décadas que antecederam o Concílio Vaticano II é dissemelhante do que se via no cenário cristão-judaico. Primeiro porque, diferentemente da convivência geograficamente próxima entre judeus e cristãos europeus e norte-americanos, contatos diretos com muçulmanos *in loco* – ou seja, em um ambiente predominantemente cristão – eram exceção. Nesse sentido, é sintomático que a historiografia da imigração muçulmana na Europa comece apenas nas décadas posteriores à Segunda Guerra Mundial.

A chegada mais intensa de muçulmanos ocorreu a partir da segunda metade dos anos 1950, motivada pela descolonização e pelo salto econômico que dinamizou o mercado do trabalho europeu, atraindo estrangeiros de países menos desenvolvidos dispostos a aceitar qualquer emprego em troca de um salário humilde. Algo análogo vale para os EUA, onde se registrava antes da Segunda Guerra Mundial uma pequena parcela populacional muçulmana oriunda de diferentes regiões do mundo islâmico. Apenas nas décadas 1970 e 1980 é que se iniciou uma imigração muçulmana em grande escala.

Um segundo aspecto que faz com que a relação entre cristãos e judeus mal se compare com a estabelecida entre cristãos e muçulmanos é o fato de que, em geral, o antissemitismo europeu e norte-americano concentrava-se nos judeus e poupava os muçulmanos, embora, do ponto de vista da "teoria" da supremacia do "ramo nórdico", ambas as "etnias" se localizassem no último patamar da hierarquia das raças. Consequentemente, nesse caso não havia motivo para um engajamento cristão em prol da defesa de um grupo étnico sistematicamente perseguido e da posterior reconciliação com ele. Em um sentido menos dramático, o cenário mundial das relações entre cristãos e muçulmanos da época era invertido. Foram comunidades cristãs da diáspora, inclusive em países árabes, que experimentaram em primeira mão as dificuldades de praticar uma religião não sustentada pelo senso comum. As diferentes igrejas católicas orientais em territórios predominantemente islâmicos, como a maronita, melquita, copta ou a caldeia são exemplos de ramificações do Catolicismo cujos membros tiveram que manter sua fé em um clima nem sempre favorável a crentes minoritários.

Sob essas circunstâncias, não surpreende que tentativas de estabelecer contatos construtivos entre cristãos e muçulmanos eram limitadas e, até mesmo, tinham o caráter de iniciativas pessoais. Devido à situação geopolítica nas décadas em questão, foram no primeiro momento católicos de origem francesa e ativos em regiões colonizadas pelo França que apontaram para possíveis mudanças no que diz respeito ao tratamento dado ao Islã segundo o ponto de vista cristão.

Um exemplo é François Bourgade (1806-1866), um dos primeiros missionários franceses na Argélia e Tunísia, cujo trabalho era norteado pelo princípio de reconciliação entre o Oriente e o Ocidente. Além de uma série de projetos sociais, ele dedicou-se ao estudo da língua árabe e da arqueologia na busca de conhecimento da civilização islâmica que superasse as distorções das informações preconceituosas sobre o Islã comuns na Europa. Em 1847, ele publicou o primeiro de seus 3 livros. Embora todos tivessem sido redigidos no espírito de um diálogo entre as duas religiões, as publicações demonstram o intuito missionário do autor. O livro inaugural, por exemplo, apresenta algumas conversas fictícias entre um padre católico e dois tipos de especialistas islâmicos (o mufti e o cádi), em que os representantes do Islã se mostram "impressionados" com o raciocínio convincente do homem da Igreja. Mesmo assim, em 1853, Bourgade tornou-se membro da Société Asiatique [Sociedade Asiática], uma associação acadêmica fundada em 1822 com o objetivo de adquirir um saber profundo sobre todas as regiões do continente em questão. Em 1861, o missionário francês lançou a revista *Águia Paris*. Os primeiros números foram publicados em francês e árabe. A partir de 1863, os artigos apareceram apenas em árabe, para evitar quaisquer suspeitas de muçulmanos contra os editores. Apesar de indicações de uma atitude colonialista no pensamento de Bourgade, o missionário francês estava à frente do seu tempo e deu um sinal precoce de mudança de atitude cristã diante do Islã.

As duas facetas identificáveis na abordagem encontram-se também na obra de Charles Lavigerie (1825-1892), arcebispo da Argélia cujo interesse pelo Islã remonta a uma visita ao Líbano e à Síria em 1860, durante a qual ficou impressionado com a profunda espiritualidade de alguns líderes religiosos locais. Sete anos mais tarde, ele fundou a Sociedade de Missionários da África. Por um lado, as aspirações do grupo eram marcadas pela dificuldade de superar uma imagem negativa do Islã comum na segunda metade do século XIX. Por outro lado, foi proposta de Lavigerie substituir um proselitismo proposital pelo princípio de "diálogo de vida", que implicava uma convivência com populações muçulmanas na África. Para tanto, Lavigerie exigiu que "seus missionários" falassem a língua do povo, comessem a comida da população local e usassem as mesmas roupas que eles. Dali veio o apelido de "padres brancos", uma alusão à vestimenta tradicional africana dos integrantes da Sociedade. Na primeira fase, o grupo desenvolveu atividades em países como Argélia, Marrocos, Tunísia, Líbia, Saara Ocidental e Mauritânia. Mais tarde, estendeu seu alcance, incluindo também diversos países subsaarianos e do Oriente Médio. A relevância de longo prazo da abordagem de Lavigerie consta na sua convicção de que Deus estava atuando entre os muçulmanos e, portanto, não havia pressa em batizá-los. Sob essas condições, o grupo exerceu suas funções sociais nas comunidades locais sem insistência na urgência de conversão dos interlocutores individuais. Vale lembrar, entretanto, que, na época, essa postura representava uma opinião marginal no mundo católico e não teve impacto maior no âmbito da Igreja. Em 1926, os "Padres Brancos" fundaram em Túnis um centro de estudos para os membros da comunidade, em prol da sua preparação para uma vida entre uma população majoritariamente muçulmana. Em 1931, a instituição foi nomeada Institut des Belles Lettres Arabes (IBLA). Depois da Segunda Guerra Mundial, o IBLA foi dividido em uma unidade responsável pelo ensino e noutra pela pesquisa. Em 1960, esta última foi elevada ao status de instituto pontifício. Em 1964, ou seja, durante o Concílio Vaticano II, o Instituto foi transferido para Roma, onde recebeu o nome de Instituto Pontifício de Estudos Árabes e do Islã (PISAI).

O francês Charles de Foucauld (1885-1916) fascinou-se pela África do Norte durante seu período de serviço militar e posteriores viagens à região. Ele ficou impressionado com a espiritualidade da população nativa, afirmando: "[O] Islã realmente me sacudiu até a medula. A visão de tal fé, dessas pessoas que vivem na presença contínua de Deus, me fez vislumbrar algo maior, mais verdadeiro do que as preocupações mundanas. Comecei a estudar o Islã e, em seguida, a Bíblia".[15]

Em consequência de uma viagem à Síria, Foucauld tomou a decisão de assumir o estilo de vida de Jesus em Nazaré, antes de o Messias cristão ter sido apresentado a seu público. Tratou-se de uma existência norteada por simplicidade, humildade e silêncio. Em 1901, voltou para o Saara, onde fundou os eremitérios de Beni-Abbes e Hoggar, ambos na Argélia. Seus eremitérios tornaram-se símbolos da presença cristã entre as pobres tribos nômades no mundo islâmico. Ele foi assassinado em 1916. Não teve seguidores durante sua vida, mas serviu como exemplo e modelo para a fundação dos Pequenos Irmãos de Jesus (1933) e, mais tarde, para as Pequenas Irmãs de Jesus (1936). Além disso, seu estilo de vida teve um forte impacto sobre Louis Gardet (1904-1986) e Louis Massignon (1883-1962), bem como, embora de maneira menos direta, sobre Georges Chehata Anawati (1905-1994) – três personagens que, a médio prazo, desempenhariam um papel decisivo para o desenvolvimento do diálogo cristão-muçulmano.

---

[15] INSTITUTO DE TEOLOGIA BENTO XVI. *Vida e obra de Charles de Foucauld*. <http://blog. cancaonova.com/itbentoxvi/vida-e-obra-de-charles-de-foucauld/>. Acesso em: 08/11/2016.

A construção do diálogo

Louis Gardet é, hoje, não apenas reconhecido como um dos melhores especialistas católicos sobre o Islã na época, mas também como um dos mais importantes pioneiros do diálogo cristão-islâmico. Depois de uma crise severa pessoal na primeira metade dos anos 1920, ele ocupou-se da teologia de Tomás de Aquino, o que contribuiu para um novo fortalecimento da sua fé católica. No início dos anos 1930, juntou-se a Charles de Foucauld, assumindo o nome de *Frère* (Irmão) André. Em 1933, mudou-se para El-Abiodh Sidi Sheikh, na Argélia, para se dedicar a uma vida contemplativa e ao aprendizado do árabe clássico. Sua erudição fez com que ele ganhasse a amizade e confiança da população local. Convicto de que o lugar seria ideal para a vida comunitária cristã, estimulou a recém-fundada congregação dos Pequenos Irmãos de Jesus, em Paris, a mudar sua sede para El-Abiodh Sidi Sheikh. Depois da chegada do grupo, tornou- -se seu diretor de estudos. Na mesma época, conheceu Louis Massignon, que o introduziu ao estudo da mística comparada em geral e ao Sufismo em particular, campo de sua especialidade e uma das fontes da inspiração religiosa de Massignon. A erudição e reputação de Gardet contribuíram para a construção de uma rede internacional de pesquisadores sobre temas afins. Um contato importante assim criado foi com o dominicano egípcio Georges C. Anawati, com o qual publicou, em 1948, o ensaio Introduction à théologie musulmane, que compara elementos das fés muçulmana e cristã. Em 1964, devido a seu profundo conhecimento do Islã e da mentalidade dos muçulmanos, Louis Gardet foi nomeado conselheiro da secção Islã do Secretariado para a Promoção da Unidade dos Cristãos, supervisado por Joseph Cuoq.

Semelhantemente ao que havia ocorrido com Louis Gardet, Massignon desenvolveu uma relação íntima com diversos países islâmicos. Seu estudo de Geografia o levou para a Argélia e o Marrocos. Mais tarde, dedicou-se ao estudo da língua árabe e a algumas das suas variações locais em Paris. Em 1906, mudou-se para o Cairo. Um ano mais tarde, iniciou sua tese de doutorado sobre o místico muçulmano Husain ibn Mansur Al-Hallaj, personagem do século X. No fim de 1907, interrompe, porém, esse trabalho para participar de um projeto arqueológico em Bagdá, onde se hospedava na casa de uma renomada família muçulmana local, cuja influência o resgatou quando foi preso sob a suspeita de espionagem.

O trauma da prisão, que contrastava brutalmente com a hospitalidade e a religiosidade dos seus anfitriões, causou em Massignon uma crise existencial. O desespero culminou com um *insight* profundo, em que o francês experimentou uma transformação do seu interior e uma submissão total ao Onipotente. O contexto desse encontro com o Absoluto contribuiu para a conotação altamente positiva do Islã nas futuras afirmações do orientalista francês. Logo em seguida, sua gratidão foi colocada diante de uma segunda experiência mística. Diferentemente da primeira, esta foi explicitamente racionalizada em categorias cristãs, servindo como base de uma identidade católica assumida por Massignon ainda antes de sua volta a seu país de origem.

Ao mesmo tempo comprometido com o Catolicismo e admirador do Islã, Massignon dedicou seu trabalho à criação de pontes entre as duas religiões. A partir dos ensinamentos do Corão sobre o papel-chave de Abraão na história das revelações monoteístas, defendeu a hipótese de que o Judaísmo, o Cristianismo e o Islã vinham da mesma raiz. Em 1934, Massignon fundou, junto com a cristã melquita nascida na Síria, Mary Kahil (1889-1979), o grupo espiritual cristão Badaliya, que organizava, entre outras atividades, orações em conjunto com muçulmanos. O respeito pelo Islã e o trabalho como orientalista justificam a fama de que, "entre a Primeira Guerra Mundial e o Concílio Vaticano II [...] era um dos poucos 'leigos' capazes de sensibilizar o Vaticano de maneiras imprevisíveis".[16]

Georges Chehata Anawati nasceu numa família egípcia de fé ortodoxo-grega. Converteu-se com 16 anos ao Catolicismo. Mais tarde, colaborou não apenas com Gardet, mas também desenvolveu uma forte relação intelectual com Massignon, cujas obras tinha descoberto durante sua

---

[16] WAARDENBERG, Jacques. Louis Massignon (1883-1962) as a Student of Islam. *Die Welt des Islams*, New Series, v. 45, Issue 3, pp. 312-342, especialmente pp. 331-332, 2005.

A construção do diálogo

formação teológica (1935-1940) na Bélgica, a que se seguiu sua entrada na ordem dos dominicanos em 1934. Entre 1941 e 1944, deu continuidade a seus estudos na Argélia. Aproveitou sua estadia para uma série de viagens: visitou, por exemplo, a comunidade dos *padres brancos*, o Institut des Belles Lettres Arabes (IBLA), em Túnis, bem como Louis Gardet em El-Abiodh Sidi Sheikh. Além dos impulsos recebidos pelos personagens e instituições em questão, mostrou-se influenciado por Charles de Foucauld e pela espiritualidade dos Pequenos Irmãos de Jesus. Em 1953, fundou no Cairo o Instituto Dominicano para Estudos Orientais (IDEO), que no mesmo ano começou a publicar o periódico *Mélanges de l'Institut Dominicain d'Études Orientales du Caire* (MIDEO), aberto a contribuições de autores cristãos e muçulmanos. Sua obra completa inclui 26 livros e mais de 350 artigos, muitos deles diretamente relevantes para o diálogo cristão-islâmico. Devido a seu mérito acadêmico e a seu espírito "macroecumênico", Anawati foi convidado para o Secretariado para a Promoção da Unidade dos Cristãos em agosto de 1963. Dedicou-se inicialmente a questões referentes às igrejas orientais. Em outubro de 1964, formou, junto com 3 colegas, a equipe de especialistas que finalizou o parágrafo da Declaração *Nostra Aetate* sobre o Islã.

Além do resumo do trabalho de congregações, pesquisadores e institutos católicos francófonos em prol do diálogo cristão-islâmico, houve outros protagonistas cujo trabalho contribuiu para o amadurecimento das relações entre cristãos e muçulmanos nas décadas que antecederem o Concílio e a Declaração *Nostra Aetate*. Um exemplo é o Duncan Black Macdonald Center for the Study of Islam and Christian-Muslim Relations, em Hartford, que é a instituição mais antiga desse tipo nos EUA. O Centro pertence ao Hartford Seminary, fundado em 1834 por teólogos calvinistas norte-americanos. Estudos do árabe e do Islã têm feito parte do currículo desde 1892.

Em 1938, o Centro assumiu a edição do já existente periódico quadrimestral *The Muslim World*. Um dos objetivos do Centro é a preparação de líderes religiosos e de instituições para entender e viver sua fé no mundo pluralista contemporâneo. Seus professores e pesquisadores partem da premissa de que um estudo intensivo e um diálogo cristão-islâmico comprometido com o conhecimento acadêmico sobre o Islã são capazes de superar os estereótipos públicos sobre o Corão, sobre a religião islâmica e sobre os muçulmanos.

Outro exemplo é o Birmingham Centre for Islamic and Middle Eastern Studies, em Selly Oak, Birmingham (Grã-Bretanha). Ele sucedeu o Centre for the Study of Islam and Christian-Muslim Relations, que, por sua vez, tem suas raízes na institucionalização da cátedra em Estudos Islâmicos na década de 1920. Subsídios acadêmicos importantes para o trabalho do Centro encontram-se na *Mingana Collection of Middle Eastern Manuscripts,* adquirida na década de 1920 pelo teólogo assírio Alphonse Mingana, cuja família pertencia à Igreja Caldeia Católica. O fundador da coleção nasceu em 1878, em Mossul (Iraque), e passou as décadas finais de sua vida na Inglaterra, onde morreu em 1937. O Birmingham Centre faz parte da Faculdade de Filosofia, Teologia e Religião da Universidade de Birmingham, e é mundialmente considerado uma instituição de excelência acadêmica especializada em estudos multidisciplinares de um espectro amplo de matérias relacionados ao Islã e constitutivo de um entendimento profundo desta religião.

Last but not least, há o Henry Martyn Institute em Hyderabad, na Índia. A instituição foi fundada em janeiro de 1930 em Lahore (hoje, Paquistão), sob o nome de Henry Martyn School of Islamic Studies, assim nomeada em homenagem ao homônimo missionário anglicano (1781-1812) que entre 1809 e 1811 desenvolveu atividades no subcontinente como capelão da Companhia Britânica das Índias Orientais. O trabalho acadêmico do Instituto é focado em estudos islâmicos, relações inter-religiosas e esforços em prol da paz. O corpo docente é composto por seguidores de diferentes religiões.

CAPÍTULO III
A HISTÓRIA REDACIONAL
DA DECLARAÇÃO *NOSTRA AETATE*

A história da redação do texto que culminaria na Declaração *Nostra Aetate*, promulgada em 28 de outubro de 1965, pelo Papa Paulo VI, reflete o impacto de interferência de diversos acontecimentos. Entre esses fatores encontram-se o papel decisivo tanto de João XXIII quanto de Paulo VI em momentos-chave de sua redação, a dinâmica da intercalação entre as seções e períodos intersecionais, as preferências teológicas e os interesses políticos dos padres conciliares envolvidos no debate, bem como o impacto de forças externas, particularmente notícias sucessivas da mídia sobre o progresso e impasses da elaboração do esquema e tentativas de agências políticas de influenciar o conteúdo da Declaração.

1. Incentivos à inclusão do tema na pauta conciliar

Uma retrospectiva do período imediatamente anterior ao do tortuoso e conflituoso processo redacional de um documento que ganharia substância no decorrer das diferentes etapas do Concílio revela que o impulso decisivo para a inclusão de reflexões sobre aspectos afins na pauta conciliar veio pessoalmente de João XXIII. O papa, consciente da dimensão das atrocidades contra os judeus, a partir do fim dos anos 1930 e em harmonia com seus esforços de proteger vítimas de perseguição durante a Segunda Guerra Mundial, reuniu-se, em 13 de junho de 1960, com o historiador francês Jules Isaac (1877-1963), um dos organizadores da Conferência Internacional de Cristãos e Judeus em Seelisberg, Suíça (1948). Como judeu, Isaac tinha testemunhado as consequências das leis raciais dos nazis. Essas experiências repercutiram nas suas pesquisas, das quais resultaram dois livros, a saber, a volumosa obra *Jesús e Israël* (1948, 587 pp.) e a publicação detalhada *Genèse de l'antisémitisme* (1956, 352 pp.). A audiência foi uma oportunidade para Isaac entregar a João XXIII um memorando em que pedia à Igreja o reconhecimento da influência indireta da teologia cristã para o antissemitismo. Essa conversa foi um catalizador importante para a decisão de João XXIII de encarregar o cardeal alemão Augustin Bea (1881-1968) da tarefa de supervisionar a redação de um texto oficial sobre o assunto. Esse impulso se concretizou ainda mais em 5 de junho de 1960, dia da criação do Secretariado para a Promoção da Unidade dos Cristãos. Esse organismo fez parte da estrutura institucional estabelecida pelo papa para os trabalhos preparatórios do Concílio. Depois do encerramento do trabalho da Commissio antepraeparatoria, em junho de 1960, João XXIII criou 10 comissões e 3 secretariados responsáveis pela preparação do Concílio propriamente dito. Foi tarefa desses órgãos sistematizar as mais de 2 mil respostas de bispos, autoridades das ordens católicas e das faculdades teológicas que tinham sido consultados pela Commissio sobre assuntos merecedores de interesse pelo Concílio.

Inicialmente, o Secretariado para a Promoção da Unidade dos Cristãos dedicava-se ao estabelecimento de contatos com outras igrejas cristãs, convidando-as a mandar delegados próprios como observadores para o evento. Em outubro de 1962, João XXII elevou o secretariado ao nível de uma comissão conciliar. Nessa posição, ficou responsável pela redação ou corredação de 4 textos, a saber: *Unitatis Redintegratio, Dignitatis Humanae, Dei Verbum* (junto com a comissão teológica) e, para nossos fins mais relevantes, a Declaração *Nostra Aetate*.

2. A composição inicial do Secretariado para a Promoção da Unidade dos Cristãos

Além do Cardeal Bea, que atuou como presidente da unidade, houve 3 outros membros fundantes do Secretariado para a Promoção da Unidade dos Cristãos. Foram eles o holandês Johannes Gerardus Maria Willebrandts (1909-2006), o francês Jean-Françoise Mathieu Arrighi (1918-1998) e o norte-americano Thomas Stransky (1930-).

A construção do diálogo

Willebrands era vice de Bea e, dentro do Secretariado, o "diretor de operações".[17] Já antes do Concílio, o cardeal holandês tinha ganhado mérito como defensor da conciliação entre cristãos e judeus. Era membro do Katholieke Raad voor Israel [Conselho Católico para Israel], fundado em 1951 junto com Anton Ramselaar (1899-1981), outro pioneiro das relações judaico-cristãs pós-guerra. Arrighi, antes de se associar à equipe do Cardeal Bea, tinha sido assistente (1956-1960) do Cardeal Eugène Tisserant, então secretário da Sagrada Congregação para a Igreja Oriental. Foi Tisserant que obteve a mudança de Arrighi para o Secretariado para a Promoção da Unidade dos Cristãos. Como subsecretário, desempenhou um papel importante na redação do documento *Dignitatis Humanae*. Durante o Concílio, manteve também contato com o mundo protestante, particularmente com o Conselho Mundial das Igrejas. Stransky cumpriu a função do arquivista do novo Secretariado. Simultaneamente, participou na redação da *Nostra Aetate*.

Logo depois da criação do Secretariado, em 18 de setembro de 1960, Bea e Willebrands sentiram a necessidade de expandir a equipe. Uma primeira lista com possíveis candidatos continha o nome de Johannes Oesterreicher, com quem Willebrands havia tido duas conversas ainda antes da fundação oficial do Secretariado. Dois outros candidatos auspiciosos eram Paul Démann (1912-2005) e Leo von Rudloff (1902-1982). Finalmente, em 21 de janeiro de 1961, Rudloff tornou-se membro do Secretariado. Três semanas depois, Johannes Oesterreicher (1904-1993) começou a atuar como consultor. Um terceiro novo integrante foi Gregory Baum (1923-2017), convocado para formar, junto com Rudloff e Oesterreicher, a subcomissão encarregada da preparação do esquema *De judaeis*, que abordaria os problemas da relação entre a Igreja Católica e os judeus.

Leo von Rudloff entrou em 1920 no mosteiro beneditino de Gerleve, no noroeste da Alemanha. Em 1928, obteve em Roma o título de doutor

---

[17] WICKS, Jared. *Cardinal Bea's Unity Secretariat: Engine of Renewal and Reform at Vatican II.* <http://www.luc.edu/media/lucedu/ccih/forms/LUChi-Sept20.pdf>. Acesso em: 05/10/2016.

em Teologia. No mesmo ano, tornou-se padre. Em 1938, mudou-se para os EUA, onde lecionou Teologia Católica no Darlington Seminary, em New Jersey. Em 1950, tornou-se abade da Abadia da Dormição, em Jerusalém. Seu plano de acrescentar ao mosteiro um lugar para encontros entre cristãos e judeus, porém, não foi apoiado pelos monges locais e fracassou, o que não impediu Rudloff de manter seu compromisso com o projeto de reconciliação das duas religiões.

Diferentemente de Rudloff, Oesterreicher e Baum eram convertidos do Judaísmo. O primeiro foi ordenado padre em 1927, mas nunca considerou sua conversão uma ruptura com o Judaísmo. Em 1934, lançou o periódico *Die Erfüllung* [O Cumprimento], que teve como objetivo a melhoraria da relação entre cristãos e judeus. Com o mesmo propósito, fundou em Viena o *Pauluswerk* [Obra de Paulo]. Em 1938, fugiu da perseguição dos nazis seguindo para Paris. Em 1953, fundou o Institute of Judaeo-Christian Studies na Universidade de Seton Hall, EUA. Um ano depois, lançou-se na função de editor do primeiro volume do periódico sobre o diálogo judeu-cristão, intitulado *The Bridge – a yearbook of Judaeo-Christian studies* [A ponte – livro anual sobre estudos judaico-cristãos]. Em 1960, recebeu o título de monsenhor.

Gregory Baum nasceu em Berlim. Sua mãe era judia; seu pai, protestante. Em 1940, a família fugiu para o Québec, no Canadá. Em 1946, converteu-se ao Catolicismo. Semelhante ao que havia ocorrido com Oesterreicher, ele optou pelo Cristianismo sem descartar o Judaísmo como religião inválida. Todavia, no início de sua nova carreira religiosa, não conseguiu se libertar da suspeita de que os judeus tivessem sido responsáveis pela morte de Jesus. Em 1947, entrou na Ordem de Santo Agostinho. Em 1954, foi ordenado padre. Dois anos depois, defendeu sua tese de doutorado em Teologia Católica na Universidade de Friburgo, na Suíça, sobre os conceitos da unidade dos Papas Leão XIII e Pio XII. Em 1959, assumiu a cátedra de Teologia e Ciência da Religião no St. Michael's College, em Toronto. A partir da segunda metade dos anos 1950, focou seu trabalho teológico no antissemitismo e na relação entre a Igreja Católica e os judeus.

A construção do diálogo

Como resultado das suas pesquisas, publicou em 1961 o livro *The Jews and the Gospel* [Os judeus e o Evangelho]. Nessa obra, Baum defendeu as hipóteses de que, devido a raízes comuns, haveria uma grande intimidade entre as duas religiões e de que a Igreja seria incompleta se o Judaísmo não existisse.

À medida que o Concílio progredia, outros peritos juntavam-se à equipe. Em 1963, o Cardeal Bea convidou o norte-americano Barnabas Ahern (1915-1995), que trabalhou sobretudo para a comissão mista composta por membros do Secretariado e da Comissão Teológica responsável pela redação da Constituição *Dei Verbum*. No mesmo ano, outro norte-americano, o jesuíta John Long (1915-2005), associou-se à equipe do Cardeal Bea. Apesar de ter contribuído sobretudo para as reflexões sobre a relação entre a Igreja Católica e as igrejas ortodoxas, engajou-se também na redação do parágrafo de *Nostra Aetate* que elaborou a postura do Catolicismo diante dos judeus.

3. A preparação do esquema sobre judeus no âmbito do Secretariado

Para o entendimento da dinâmica redacional dos documentos conciliares finalmente promulgados, é importante lembrar que o processo teve seu início nos assim chamados "esquemas", que foram enviados previamente aos padres conciliares e apresentados à Aula conciliar no início do seu debate, sob a forma de um relatório (*relatio*) apresentado por um porta-voz da comissão responsável. Nas discussões, os padres conciliares tiveram a oportunidade de sugerir alterações ao texto – chamadas de *modi*, elas nortearam o trabalho posterior da comissão responsável, que teve a tarefa de reelaborar o texto e reapresentá-lo à assembleia. Esse complexo procedimento é uma das razões para o trajeto moroso, através do qual o texto ganhou substância. Além disso, reflete-se, ao longo do caminho, o impacto de diversos outros fatores, entre eles discordâncias teológicas sobre determinadas formulações, interesses políticos díspares nos resultados e nas consequências práticas das discussões e a interferência de forças externas nas discussões das sessões plenárias e grupos de trabalho. Por esses motivos, a Declaração *Nostra Aetate* é, bem como todos os outros textos conciliares, um documento cheio de concessões a diferentes grupos e instâncias de interesses.

Quando o círculo de Agustin Bea iniciou seu trabalho, não era possível prever os problemas que marcariam os debates em torno do esquema sobre os judeus a partir da segunda sessão do Concílio. Para aquele momento, havia outros desafios. Conforme uma retrospectiva do norte-americano Thomas Stransky, um dos membros fundadores da equipe, devido ao amplo espectro de tarefas das quais a unidade estava encarregada, os meses entre setembro de 1960 e a inauguração do Concílio, em 11 de outubro de 1962, foram provavelmente mais complicados que os períodos da própria assembleia. O grupo não apenas teve que participar da redação de 4 textos conciliares. Cumpriu também funções de uma "agência de relações públicas" encarregada do estabelecimento de contatos com líderes religiosos em diferentes partes do mundo e com a formulação de convites a participantes observadores do Concílio.

Em 1960 e 1961, Gregory Baum e Johannes Oesterreicher assumiram a tarefa de elaborar as primeiras versões de uma declaração sobre a relação entre o Catolicismo e o Judaísmo. O texto foi designado como o quarto capítulo de um documento maior referente ao ecumenismo. Enquanto os primeiros *"inputs"* redacionais vieram de Baum, Oesterreicher os contextualizou no horizonte teológico-bíblico adequado. Dessa maneira, o esquema intitulado *"Quaestiones de Iudaeis"* se sintetizou a partir de 2 tarefas complementares. Primeiro, foram identificados os problemas teológicos principais do assunto e resumidos em esboços específicos relativamente curtos. Estes, por sua vez, estimularam reflexões sistemáticas sobre os princípios dogmáticos envolvidos e suas implicações morais e litúrgicas.

O texto assim produzido foi discutido pela assembleia geral do Secretariado na primeira metade de fevereiro de 1961. O debate acabou com o pedido da maioria de realizar até a assembleia seguinte, em abril, um estudo adicional sobre alguns dos temas abordados na primeira versão. No decorrer do ano, o documento transitou ainda algumas vezes entre as escrivaninhas de Baum e Oesterreicher e a mesa-redonda da assembleia. Paralelamente aos debates internos, porta-vozes do Secretariado para a Promoção da Unidade dos Cristãos sondaram, de maneira discreta, a opinião de representantes judeus sobre os esforços redacionais. Um exemplo do envolvimento de instâncias judaicas é o caso do American Jewish Committee. Em julho de 1961, Augustin Bea reuniu-se em Roma com membros dessa organização, da qual solicitou um posicionamento diante dos efeitos da doutrina e da liturgia católicas sobre o antijudaísmo. Essa conversa resultou em 3 textos consecutivos que destacaram a urgência do combate ao antissemitismo e da conscientização acerca do impacto de referências pejorativas aos judeus em discursos e ritos católicos do passado. O primeiro texto foi apresentado em 17 de novembro de 1961 pelo presidente do Committee, Louis Caplan (1886-1978). O segundo chegou às mãos de Bea em março de 1962. O terceiro memorando foi enviado em 22 de maio do mesmo ano. Este último era de autoria de Abraham Joshua Heschel (1907-1972), na época professor de mística judaica e ética no Jewish Theological Seminary, em Nova Iorque, um dos centros estadunidenses do Judaísmo conservador. Outras instâncias, com as quais o Cardeal Bea manteve contatos nessa fase (e em momentos posteriores), foi o World Jewish Congress, através do seu presidente Nahum Goldmann (1895-1982), e o B'nai B'rith International, por meio de um dos seus líderes, Labei A. Katz (1918-1975). Outros interlocutores de Bea, por parte do Judaísmo, no decorrer do Concílio foram o cientista da religião Raphael Jehuda Zwi Werblowsky (1924-2015), o historiador suíço Ernst Ludwig Ehrlich (1921-2007), o rabino norte-americano Marc H. Tanenbaum (1925-1992) e o rabino ortodoxo norte-americano Joseph Soloveichick (1903-1993). Todavia, houve também líderes judeus que tomaram uma atitude oposta, como, por exemplo, o rabino lituano Moshe Feinstein (1865-1986), que rejeitou a oferta de um diálogo suspeitando que se tratasse, na verdade, de uma nova estratégia proselitista.

Por conta dos ajustes subsequentes, o documento foi renomeado como *Decretum de Iudaeis* e aprovado pela assembleia geral do Secretariado no fim de 1961. Na versão final do primeiro texto, já se encontravam as 4 afirmações posteriormente cruciais para as discussões conciliares.

O primeiro princípio é o reconhecimento das raízes da Igreja no Judaísmo. Neste sentido, o *Decretum* expressa gratidão pelos patriarcas e profetas do Israel e demonstra-se consciente de que a Igreja, como "nova criação em Cristo", é "a continuação espiritual do povo com quem, na sua misericórdia e condescendência da graça, Deus fez a Antiga Aliança". Ao mesmo tempo, o *Decretum* salienta que a Virgem Maria, mãe de todos os cristãos, Jesus e os apóstolos, nasceram como judeus.

A segunda afirmação continuamente identificável nas versões do documento – ou, pelo menos, nos debates sobre o texto – é a rejeição da ideia de que o povo de Israel seria coletivamente responsável pela morte de Jesus e que, por conta disso, os judeus teriam sido banidos por Deus. Diante desse preconceito comum, o *Decretum de Iudaeis* argumenta que, embora a maior parte do povo judeu tenha ficado separada de Cristo, seria uma injustiça chamar este povo de "amaldiçoado", uma vez que ele é muito amado por Deus – conforme as promessas por ele feitas aos filhos de Israel.

O terceiro elemento é a esperança de reconciliação entre judeus e cristãos, que no *Decretum de Iudaeis* se articula na forma da visão de uma futura união da Igreja com o povo judeu. Seria a realização de uma expectativa cristã que, até então, teria sido parcialmente cumprida – por aqueles judeus que, então, haviam aceitado Jesus como o Messias.

O quarto aspecto marcante nas discussões em torno da Declaração *Nostra Aetate* é a condenação do antissemitismo, que é rejeitado pelo *Decretum* com as seguintes palavras:

> Bem como a Igreja, semelhante a uma mãe, condena mais severamente injustiças cometidas contra pessoas inocentes em todos os lugares, ela levanta sua voz em protesto clamoroso contra todas as injusti-

A construção do diálogo

ças cometidas contra os judeus, seja no passado ou no nosso tempo. Quem despreza ou persegue este povo prejudica a Igreja Católica.

4. A evolução do esquema durante a primeira e a segunda sessão conciliares

Em maio de 1962, o Decreto sobre os judeus foi transmitido à comissão central junto com o pedido de incluir a apresentação do documento e a discussão sobre ele na pauta da primeira sessão do Concílio. A leitura do texto pela instância superior obteve um resultado negativo e o presidente da comissão central, Amleto Giovanni Cicognani (1883-1973), informou Augustin Bea sobre a rejeição. Especula-se que, para a omissão do Decreto, contribuíram as turbulências políticas provocadas pelo chamado "caso Wardi". Ele tem a ver com o anúncio pelo Congresso Judaico Mundial, em junho de 1962, de que a organização tinha escolhido Chaim Wardi, funcionário do ministério para questões religiosas do Estado de Israel, como observador não oficial no Concílio. Essa politização disfuncional pôs a Cúria Romana em uma situação delicada, uma vez que outras organizações judaicas e, sobretudo, alguns governos árabes, suspeitavam de abuso do Concílio em prol da busca do reconhecimento internacional do Estado de Israel. O mito da conspiração foi ainda mais alimentado pelo fato de dois especialistas no Secretariado para a Promoção da Unidade dos Cristãos diretamente envolvidos na história redacional da *Nostra Aetate* serem cristãos convertidos do Judaísmo.

Com o objetivo de reabrir o caminho para o documento depois da decisão desfavorável da Comissão Central, Agustin Bea tomou duas medidas principais. A primeira foi a redação de um artigo sobre o problema do deicídio – a questão do alegado assassinato de Jesus pelos judeus. No texto, cujo raciocínio demonstra diversos paralelos com as hipóteses articuladas por Jules Isaac no já citado livro *Jésus et Israël*, Bea nega a responsabilidade do povo judeu pela morte de Jesus e refuta a ideia da condenação dos judeus em consequência do ato. Foi a intenção do autor lançar o artigo no "La Civiltà Cattolica", um dos mais antigos e renomados periódicos católicos em língua italiana. Porém, a publicação foi rejeitada pela redação. Em consequência disso, o artigo saiu publicado sob a suposta autoria do historiador Ludwig Hertling, jesuíta como Bea, no jornal *Stimmen der Zeit*, uma revista alemã publicada desde 1865 pela Ordem dos Jesuítas. A segunda medida de Bea foi um relatório detalhado, entregue ao papa, sobre os acontecimentos e os problemas. A resposta de João XXIII veio em 13 de dezembro de 1962, na forma de uma carta aberta aos padres conciliares, que recomendava a inclusão do tema da reconciliação com os judeus na pauta do Concílio.

A abertura da segunda sessão do Concílio, em 29 do setembro de 1963 por Paulo VI (sucessor, desde 21 de junho de 1963, de João XXIII, falecido 18 dias antes), acrescentou um terceiro elemento a favor do Secretariado. Em seu discurso, o novo papa chamou atenção explícita para as religiões não cristãs e a relação da Igreja com elas, afirmando:

> E a Igreja olha [...] para além dos confins do horizonte cristão [...] e vê essas outras religiões que, conservando o sentido e o conceito de Deus – único, criador, providente, sumo e transcendente –, lhe prestam o culto com atos de sincera piedade e fundamentam nessas crenças e práticas os princípios da vida moral e social. Certamente, a Igreja Católica descobre, não sem sofrimento, lacunas, insuficiências e erros em tantas expressões religiosas. Mas não pode deixar de dirigir, também a elas, o seu pensamento, para lhes recordar que por tudo o que têm de verdadeiro, e de bom e de humano, ela tem o merecido apreço.

Com essas frases, não apenas ficou claro que o tema do diálogo inter-religioso não se limitava a um projeto pessoal de alguns padres. As palavras do papa também deixaram entender que o assunto transcendia as reflexões mais estritas referentes à relação entre a Igreja e o Judaísmo em particular.

Apoiado pelo Papa Paulo VI e insistindo no esquema rejeitado pela Comissão Central, o Cardeal Bea e seus colegas retomaram o trabalho no texto, levando em consideração os argumentos polêmicos articulados em

A construção do diálogo

relação ao *Decretum de iudaeis* nos meses entre a primeira e segunda seção do Concílio. A nova versão, intitulada *De catholicorum habitudine ad non-christianos et máxime ad iudaeos* conteve, além de outros ajustes, uma apreciação curta das religiões não cristãs em geral.

Em março de 1963, o texto foi aprovado pela assembleia geral do Secretariado. Era um momento em que, devido à atenção internacional, o tema não podia mais ser omitido pela Comissão Central. A estreia da peça do dramaturgo alemão Rolf Hochhut (1931-), intitulada *Der Stellvertreter* [O Vigário] na cidade de Berlim, em 20 de janeiro de 1963, que questionou o silêncio do Papa Pio XII diante das atrocidades do nazismo, especialmente do Holocausto, foi um dos sintomas e ao mesmo tempo um dos elementos promotores da intensificação do debate público sobre assuntos afins.

O documento que ainda fazia parte do esquema sobre o ecumenismo foi entregue à comissão central no prazo. Sua transmissão à assembleia ecumênica, porém, demorou mais de um mês, e o texto chegou apenas no dia 8 de novembro de 1963 às mãos dos padres conciliares. Onze dias depois, o Cardeal Bea apresentou, ao auditório geral, o texto *De catholicorum habitudine ad non-christianos et máxime ad iudaeos.* Deixou claro que, diante do documento, os padres conciliares estavam prestes a discutir um assunto pessoalmente sugerido pelo Papa João XXIII. A seguir, concentrou-se em aspectos teológicos do documento, esclarecendo que a Declaração teve como objetivo corrigir a imagem distorcida dos judeus por parte dos cristãos, bem como as referências bíblicas errôneas responsáveis pelo antissemitismo no decorrer dos tempos e usadas de forma abusiva por correntes políticas recentes, inclusive o nacional-socialismo. Enfatizou o caráter puramente religioso do documento, antecipando as críticas de representantes de igrejas católicas orientais unidas a Roma que se mostravam preocupadas com possíveis repressões governamentais em desfavor dos fiéis nos países majoritariamente muçulmanos.

É notável que, apesar da expressão *habitudine ad non-christianos* no título do documento ter indicado um espectro religioso maior, a obra não mencionou nenhuma outra religião além do Judaísmo.

Fiel à estrutura argumentativa do *Decretum de iudaeis*, o documento *De catholicorum habitudine ad non-christianos et máxime ad iudaeos* voltou a lembrar com gratidão as origens da Igreja no Judaísmo, salientando que

> o povo da nova Aliança não pode esquecer que é a continuação deste povo com o qual outrora Deus, em sua inefável misericórdia, se dignou estabelecer a antiga Aliança. A Igreja não esquece jamais que deste povo nasceu o Cristo segundo a carne; nasceu a Mãe de Cristo, a Virgem Maria; e nasceram os apóstolos, fundamentos e colunas da Igreja.

O documento aperfeiçoado repete também sua discordância com a acusação de deicídio e com suas supostas consequências coletivamente atribuídas ao povo do Israel, afirmando:

> Seria uma injustiça chamá-lo de povo maldito [...] ou de povo deicida, porque todos os pecados dos homens foram a causa da Paixão e morte de Jesus Cristo [...]. A morte de Cristo não foi causada por todo o povo vivo então e menos ainda pelo povo de hoje.

De novo, o texto articula a esperança de que os cristãos e judeus sejam unidos no amor universal de Cristo, capaz de reconciliar "toda a terra". Finalmente, o documento *De catholicorum habitudine ad non-christianos et máxime ad iudaeos* confirma que "a Igreja reprova severamente as injustiças cometidas contra os homens em toda parte, assim também ela deplora maternalmente e condena mais ainda os ódios e as perseguições contra os judeus, perpetrados outrora em nosso tempo".

No parágrafo final do texto encontra-se um aspecto inovador, isto é, uma sugestão prática da aproximação mútua das duas religiões por meio da aquisição do conhecimento "do patrimônio comum da Igreja e da Sinagoga [...] através de estudos teológicos e conversações fraternas".[18]

---

[18] PORTO, Padre Humberto. *Os protocolos do Concílio Vaticano II: sobre os judeus.* São Paulo: Edições Diálogo, 1984, pp. 28-30.

A construção do diálogo

O debate sobre esse esquema revelou os pontos nevrálgicos da versão em questão. Uma pequena parcela dos padres, inclusive alguns patriarcas orientais preocupados com as possíveis consequências políticas geradas pelos governos dos seus respectivos países, negou categoricamente a pertinência de um posicionamento da Igreja sobre os judeus e exigiu a exclusão do tema da pauta conciliar. Houve diversas intervenções criticando a ênfase quase exclusiva no Judaísmo, exigindo ou a inclusão adicional do Islã na reflexão, ou a mudança do foco para a categoria universal de religiões não cristãs. Outro grupo considerou inadequado que as reflexões sobre a relação entre a Igreja e os judeus aparecessem no âmbito de um esquema sobre o ecumenismo, tópico geralmente associado ao problema mais específico das relações entre as diferentes correntes do Cristianismo. A intensidade do debate impediu qualquer votação sobre o *De catholicorum habitudine ad non-christianos et máxime ad iudaeos*, ainda no tempo restante da segunda sessão conciliar. Em vez disso, apenas os primeiros três capítulos do esquema sobre o ecumenismo foram objeto de votação. A omissão do quarto capítulo se deu por uma dupla interpretação. Teria sido um sinal de "emancipação" do quarto capítulo do documento maior, com a possibilidade de um tratamento próprio da Declaração sobre a Relação da Igreja e as Religiões Não Cristãs nas sessões posteriores? Ou o silêncio súbito sobre o texto *De catholicorum habitudine ad non-christianos et máxime ad iudaeos* apontava para o desejo da comissão central de deixar o assunto cair no esquecimento durante a intersessão?

5. A evolução do esquema no intervalo entre a segunda (1963) e a terceira sessão conciliar (1964)

Preocupado com a validade desta última opção e o encerramento dos debates da segunda sessão conciliar, Agustin Bea tomou mais uma vez a palavra e solicitou aos padres que mandassem qualquer intervenção relativa ao esquema *De catholicorum habitudine* por escrito ao Secretariado até o dia 31 de janeiro de 1964. Logo depois, Paulo VI anunciava uma viagem de peregrinação à Terra Santa, que ocorreu entre 4 e 6 de janeiro de 1964.

Devido às circunstâncias políticas no Oriente Médio e às polêmicas criadas pelas discussões e iniciativas ao redor do Decreto sobre os judeus, isso se revelou um empreendimento altamente delicado. A votação positiva sobre o documento em dezembro certamente teria provocado a desaprovação por parte dos estados árabes e teria colocado em risco as visitas do papa a Israel e à Jordânia. Por isso, especula-se que tenha havido relação entre os planos do papa e o adiamento da votação sobre o Decreto.

Em seus discursos *in loco*, o pontífice não tocou no assunto do Estado de Israel, não condenou o silêncio de Pio XII diante do Holocausto e não confirmou o papel histórico da Igreja na perseguição sistemática aos judeus durante séculos.

Por outro lado, o papa fez questão de atender tanto o público árabe quanto o público judaico. Além disso, na Basílica da Natividade dirigiu-se aos *seguidores de uma religião monoteísta*, incluindo judeus e muçulmanos. Uma atitude mais abrangente ainda tomou o papa em sua mensagem *Urbi et Orbi* de Páscoa, em 29 de março de 1964, confirmando a existência de um raio de sol em todas as religiões, que, embora superado pelo brilho da sabedoria cristã, deveria ser reconhecido pelos católicos como valioso.

Duas ocorrências durante a intersessão comprovaram que Paulo VI não se contentava com frases passageiras como a supracitada. Primeiro, em 17 de maio de 1964, o papa criou o Secretariado para os Não Cristãos, presidido pelo Cardeal Paolo Marella (1895-1984). O espírito inaugural subjacente e a ligação íntima com as pretensões da equipe de Augustin Bea tornaram-se explícitos quando a instituição mudou seu nome para Pontifício Conselho para o Diálogo Inter-Religioso (1988). Tratou-se, formalmente, de uma unidade independente do Concílio Vaticano II. Porém, ela surgiu no mesmo clima e em harmonia com as aspirações cada vez mais evidentes do Concílio.

A segunda ocorrência foi o lançamento da Encíclica *Ecclesiam Suam*, em 6 de agosto de 1964. Nessa carta, Paulo VI usou a metáfora de 3 círculos concêntricos que se relacionam em diferentes graus de proximidade com a Igreja Católica, que, nessa imagem, pousa no centro. De seu ponto de vista, o primeiro olhar para fora é o mais abrangente, sobre o qual a Encíclica afirma:

> Existe um primeiro, imenso círculo, de que não conseguimos descortinar os limites, pois se confundem com o horizonte. Dentro, está a humanidade toda, o mundo. Medimos a distância entre nós e ele, mas de nenhum modo nos sentimos desinteressados. Tudo o que é humano nos diz respeito. Temos, de comum com a humanidade inteira, a natureza, isto é a vida, com todos os seus dons e problemas. Comungamos de bom grado nesta primeira universalidade, aceitamos as exigências profundas das suas necessidades fundamentais, aplaudimos as afirmações novas e por vezes sublimes do seu gênio.

A posição da Igreja fica mais concreta com as religiões simbolicamente localizadas no segundo círculo, caracterizado por um diâmetro menor e, de acordo com a Encíclica, o campo "dos crentes em Deus". Em outras palavras:

> Ocupam-no, primeiramente, os homens que adoram o mesmo Deus único e supremo que nós adoramos, aludimos aos filhos do povo hebraico, dignos do nosso respeito afetuoso, fiéis à religião que nós chamamos de o Antigo Testamento. E, depois, os adoradores de Deus segundo o conceito da religião monoteísta, especialmente da muçulmana, dignos de admiração pelo que há de verdadeiro e de bom no culto que prestam a Deus. Seguem-se os adeptos das grandes religiões afro-asiáticas. Não podemos, é claro, compartilhar essas várias expressões religiosas, nem podemos diante delas ficar indiferentes, como se todas, equivalendo-se mais ou menos, dispensassem os seus fiéis de investigar se Deus revelou a forma, infalível, perfeita e definitiva, como quer ser conhecido, amado e servido. E, por dever de lealdade, devemos manifestar que estamos certíssimos de que uma só é a religião verdadeira, a cristã; alimentamos a esperança de que a venham a reconhecer como tal, todos os que procuram e adoram a Deus.

No terceiro círculo, ou seja, na vizinhança imediata do centro, residem os cristãos de outras igrejas, abraçados pela Encíclica como "irmãos separados".

Apesar da disposição de Paulo VI de superar a fixação do debate no Judaísmo, o presidente egípcio Gamal Abdel Nasser (1918-1970) havia entrado pessoalmente em contato com o papa para prognosticar uma piora da situação dos católicos e da Igreja Católica, caso o Concílio lançasse uma declaração sobre o Judaísmo. Em outubro de 1964, Nasser repetiu a ameaça.

Nesse clima ambíguo, Augustin Bea e sua equipe esforçavam-se para levar a cabo seu projeto redacional referente aos judeus e, finalmente, às outras religiões não cristãs. Devido à dinâmica e à diversidade temática assumida pelo debate durante a sessão anterior, cresceu, do ponto de vista de Bea e sua equipe, a relevância de peritos e interlocutores até então não consultados ou apenas pouco consultados. Desde novembro de 1963, o Secretariado tinha mantido contato com o especialista em Islã e fundador do Instituto Dominicano para Estudos Orientais (IDEO) no Cairo, de Georges Chehata Anawati. Outro personagem cujo serviço se tornou cada vez mais valioso foi Joseph M. Cuoq (1917-1986). Em uma fase biográfica anterior ao Concílio, o padre francês era missionário na África e o contato com os muçulmanos em seus respectivos países havia estimulado seu interesse acadêmico por essa religião. Em outubro de 1961, Cuoq mudou-se para Roma, onde trabalhou para a Congregação para as Igrejas Orientais (originalmente: *Congregatio de Propaganda Fide pro negotiis ritus orientalis*). Na medida em que o tema do Islã se impôs à agenda conciliar, o Secretariado para a Promoção da Unidade dos Cristãos intensificou seus contatos com Cuoq, que acabou contribuindo para a redação do trecho sobre o Islã. Na lista estendida de colaboradores procurados nessa fase pelo Cardeal Bea e seus colegas em momentos mais específicos, encontram-se nomes como os de Pierre Duprey (1922-2007) e Jean Corbon (1924-2001). O primeiro era especialista nas Igrejas orientais e durante o Concílio, entre outras tarefas, foi o intermediador entre a Igreja Católica e a delegação de observadores da Igreja Ortodoxa. Corbon era padre maronita e especialista na situação multirreligiosa no Líbano, sua pátria de eleição. Outro personagem importante, mais nos bastidores e menos como protagonista do Concílio no sentido de articulações diretas em momentos de votação, foi o cardeal austríaco Franz König (1905-2004). A influência de König, geralmente indireta, é sensível em diversos documentos, inclusive no *Nostra Aetate*. Há o boato de que, em um momento crítico, uma intervenção do Cardeal König teria "resgatado" a Declaração. Testemunhas relatam que, para superar a resistência contra o texto sobre judeus, ele convocou um círculo de teólogos para uma reunião particular, sugerindo que todas as religiões não cristãs deveriam ser contempladas pelo documento. Isso teria sido o primeiro passo na direção da *Nostra Aetate* finalmente promulgada.

Em 14 de setembro de 1964, começou a terceira sessão do Concílio. Uma das primeiras tarefas dos padres conciliares foi a votação sobre diferentes partes do esquema *De Ecclesia [Lumen Gentium]*. O documento contém um passo que se coloca de maneira construtiva diante de religiões não cristãs, seguindo a lógica da Encíclica *Ecclesiam Suam,* metaforizada por três círculos concêntricos que representam esferas mais ou menos distantes em relação à Igreja Católica, que é associada ao centro. Baseado nesse simbolismo, os judeus são apreciados como povo ao qual foram dadas a aliança e a esperança, e "do qual nasceu Cristo segundo a carne". Em seguida, são mencionados os muçulmanos, que compartilham com os cristãos e os judeus a fé no único Deus. Além disso, aponta-se para o terceiro "círculo" metaforizado pela Encíclica *Ecclesiam Suam,* quando se menciona povos "que buscam, na sombra e em imagens, o Deus que ainda desconhecem".

Favorecido pelo debate construtivo sobre o documento *Lumen Gentium,* o Cardeal Bea apresentou, em 25 de setembro de 1964, seu relatório contextualizando e explicando o documento retrabalhado pelo Secretariado no período intervalar do ano em questão. Já o novo título do texto indicava os esforços redacionais de sua equipe, que tinham levado à nova versão. A *Declaratio altera, De iudaeis et de non christianis,* que continuava a ser projetada como apêndice ao esquema sobre o ecumenismo, era resultado das diversas intervenções mandadas para o Secretariado depois dos debates durante a sessão anterior.

O texto reelaborado, cuja maior parte se dedica à questão da relação entre judeus e cristãos, manteve a maioria dos trechos já conhecidos das versões anteriores. Porém, houve três pontos em que se notam divergências redacionais em comparação com os outros esquemas. Trata-se: a) da omissão do conceito de deicídio; b) da contextualização do antissemitismo propriamente dito dentro do fenômeno mais geral da discriminação por razões étnicas, sociais ou religiosas; e c) além do Judaísmo e do Islã explicitamente mencionados, alude-se à dignidade de outras religiões da humanidade.

O texto reelaborado volta a salientar que o Cristianismo seria impensável sem levar em consideração os patriarcas e profetas do Israel, assim como a relação especial entre Deus e os judeus, afirmando: "Como povo da Nova Aliança, a Igreja nunca esquecerá que ela é a continuação do povo com o qual Deus, na sua graça inefável, planejou entrar na Antiga Aliança e que escolheu para confiar-lhe a revelação contida nos livros do Antigo Testamento".

Em seguida, o documento lembra que Cristo e todos os outros que representam os pilares da Igreja nasceram judeus.

Enquanto as versões anteriores tinham vinculado a acusação do deicídio com a condenação do povo judeu por Deus, o novo texto omite a primeira parte da "equação" e exige dos católicos, de maneira mais geral, cuidado com o hábito de "apresentar os judeus como uma nação rejeitada, quer na catequese, na pregação da Palavra de Deus ou na conversação diária. [...] De igual modo, todos devem estar em guarda para não imputar aos judeus do nosso tempo o que era perpetrado na Paixão de Cristo".

Devido à herança compartilhada de judeus e cristãos, o Concílio recomenda "a compreensão e apreciação mútua, a serem obtidas pelo estudo teológico e discussão fraterna". Ao mesmo tempo, o texto reeditado repete que "a união do povo judeu com a Igreja é uma parte da esperança cristã.

A construção do diálogo

Nesse sentido, [...] a Igreja espera com fé inabalável e com o desejo ardente da entrada desse povo para a plenitude do povo de Deus estabelecido por Cristo". .

Com referência ao amor universal de Deus e à irmandade de todos os seres humanos, a avaliação positiva da fé monoteísta, da espiritualidade e da cultura dos muçulmanos é estendida e agora abrange, também, outras parcelas da humanidade, o que faz com que a Igreja considere os pontos de vista e doutrinas de outros povos, que, apesar de divergirem em muitos pontos da fé católica, representam "o raio daquela verdade que ilumina cada pessoa que nasce neste mundo".

No último parágrafo, o texto afirma que a Igreja "desaprova qualquer mal infligido a seres humanos em todos os lugares", inclusive "o ódio e maus-tratos de judeus", bem como "qualquer teoria ou prática que conduza a uma discriminação entre indivíduos ou entre nação e nação". Por isso, o documento apela a "todas as pessoas de boa vontade e os cristãos, em particular, abster-se de qualquer discriminação ou abuso de seres humanos em razão da sua raça, cor, condição social ou religião".

O debate sobre o esquema foi perturbado repetidas vezes. O conflito intensificado na Palestina provocou reações drásticas no mundo árabe diante de um documento católico oficial ainda visto por muitos como uma "carta branca" de legitimação do Estado de Israel. Em 30 de setembro de 1964, o primeiro-ministro da Síria, Salah al din Bitar, afirmou que não se trataria de um documento puramente religioso. Em vez disso, teria ambições políticas, tomando partido do Estado do Israel. Em 12 de outubro, Paulo VI recebeu o presidente da Indonésia, Sukarno (1901-1970), que afirmou que se o documento sobre os judeus passasse, o Vaticano teria que fechar todas as missões diplomáticas em países árabes. Simultaneamente, a Alta Comissão Árabe, órgão político central da comunidade árabe do Mandato da Palestina, decidiu mandar uma delegação a Paulo VI para protestar contra os esforços do Concílio no sentido de assumir uma postura política unilateral (pró-Israel) no conflito sobre a Palestina.

Para combater essa onda de resistência, integrantes do Secretariado viajaram para o Oriente Médio a fim de apresentar o texto *in loco* tanto para cristãos orientais quanto para muçulmanos. Nesse contexto, vale lembrar uma contribuição importante do Cardeal Franz König. Seguindo um pedido do Papa Paulo VI, o cardeal austríaco presidiu, no dia 3 de dezembro de 1964, no âmbito do Congresso Eucarístico Mundial em Bombaim (Mumbai), uma conversa inter-religiosa.

Uma segunda dificuldade foi gerada por uma formulação infeliz de Abraham Joshua Heschel. Depois de ter tido uma audiência com o papa, o renomado porta-voz do Jewish Theological Seminary of America deu uma entrevista em que reivindicou que as atualizações no esquema sobre o Judaísmo fossem feitas conforme suas recomendações. Essa afirmação soou mal aos ouvidos dos adversários de trabalho de Augustin Bea, intensificando a suspeita de que o cardeal era vítima de uma conspiração. Para evitar mais turbulência, o Secretariado suspendeu a colaboração de Heschel.

Outro problema surgiu quando Pericle Felici (1911-1982), secretário-geral do Concílio, questionou indiretamente a competência de Bea, sugerindo, sem sucesso, a criação de uma comissão alternativa de redação cujo resultado deveria ser incorporado à Constituição Dogmática sobre a Igreja (*Lumen Gentium*).

Apesar dos transtornos, o debate conciliar sobre a *Declaratio altera, De iudaeis et de non christianis* ajudou o documento a dar um passo a mais em direção à sua versão final. As críticas à versão discutida vieram de duas direções principais. A primeira frente foi constituída por patriarcas e bispos católicos em países majoritariamente muçulmanos. Personagens como o patriarca da Igreja Greco-Católica Melquita, Maximos IV Saigh (1878-1967), o patriarca da Igreja Copta Stéphanos I. Sidarouss (1904-1978) e o patriarca da Igreja Católica Siríaca, Ignatius Gabriel I. Tappouni (1879-1968), voltaram a se mostrar preocupados com possíveis reações negativas a um posicionamento positivo da Igreja diante do Judaísmo (e do Estado

A construção do diálogo

de Israel). O argumento dos prelados orientais foi de que as implicações políticas dos esquemas colocariam em risco o destino dos então cerca de 3,5 milhões de cristãos no Oriente Médio e de suas igrejas locais.

Para diminuir esse perigo, esses líderes religiosos solicitaram que o documento incluísse afirmações mais explícitas sobre o Islã. Procedimentos lançados por uma segunda frente comprovaram a solidez das preocupações formuladas por Ignatius Gabriel I. Tappouni e outros. Tratava-se de articulações e atividades de governos do mundo árabe realizadas através dos seus diplomatas e pela mídia com o objetivo de impedir a promulgação de um texto conciliar "pró-judaico". Conforme as críticas, que foram lançadas em todas as fases do Concílio, inclusive nos períodos intersecionais, os esquemas sucessivamente apresentados não possuíam um caráter puramente religioso, como os autores dos documentos repetidamente afirmavam, tendo sido primariamente motivados por interesses políticos. Na verdade, o Vaticano colaboraria tacitamente com determinadas organizações judaicas para o reconhecimento do Estado do Israel. Essa aliança teria consequências graves como, por exemplo, a internacionalização de Jerusalém, inclusive de seu centro histórico (na época, sob a administração da Jordânia) e a justificativa da opressão de fugitivos palestinos. Caso uma declaração pró-judaica fosse promulgada, os governos dos países árabes teriam que tomar medidas drásticas contra os cristãos e as igrejas da região – entre outras, o impedimento de iniciativas cristãs, a cassação dos privilégios para escolas católicas e a rejeição de pedidos para construir novas igrejas locais.

Em vista das intervenções feitas na assembleia conciliar, o novo esquema *De Ecclesiae habitudine ad religiones non christianas* elaborado pelo Cardeal Bea e sua equipe foi distribuído aos padres conciliares em 18 de novembro de 1964 como um texto independente, portanto, desvinculado do esquema sobre o ecumenismo. A estrutura (preâmbulo e quatro parágrafos) aponta para a versão definitiva da Declaração. Algo semelhante vale para o conteúdo.

Em comparação com o esquema *Declaratio altera, de iudaeis et de non christianis,* percebe-se que a nova versão não apenas continua a abranger, além do Judaísmo, o Islã e – de maneira indiferenciada – outras religiões não cristãs, mas acrescenta, com o Hinduísmo e o Budismo, mais duas tradições explicitamente nomeadas. Outra diferença importante consta na formulação "deicídio", que foi suprimida na *Declaratio altera,* mas voltou a aparecer no esquema de 18 de novembro.

O preâmbulo salienta a crescente aproximação e densidade da convivência dos diferentes povos na terra. É diante dessa constelação que a Igreja se sente incentivada a refletir sobre sua relação para com as religiões não cristãs. Segundo o documento, os povos têm a mesma origem e constituem uma comunidade cujas partes são obrigadas a conviver. Todos os seres humanos são interpelados pelas mesmas perguntas existenciais e, diante da providência e bondade universal de Deus, compartilham o mesmo destino espiritual.

Baseado nessas considerações, o segundo parágrafo do texto se inicia com uma contemplação indiferenciada sobre as religiões de numerosos povos que, desde a Antiguidade, "tiveram uma certa percepção daquela força oculta que paira sobre o curso das coisas e sobre os acontecimentos de vidas humanas". Com a constatação seguinte, de que os conceitos religiosos no mundo variavam segundo o estágio evolutivo da cultura em questão, o documento avança para a primeira religião não cristã explicitamente mencionada, isto é, o Hinduísmo. Ele é apreciado por sua riqueza de mitos e abordagens filosóficas, bem como por sua procura da libertação das aflições humanas "por meio de métodos ascéticos, a meditação profunda e o retiro em Deus, cheio de amor e confiança". Outra religião citada é o Budismo, movido pela ideia da superação da insuficiência do mundo relativo em um estado da mente da tranquilidade constante. Diante dessas aspirações, bem como daquelas analógias de "outras religiões, em todos os lugares na terra", "a Igreja Católica não rejeita nada nessas religiões que é verdadeiro e santo". Apesar de sentir-se chamada a "proclamar Cristo como o caminho, a verdade e a vida", ela considera com "sincera reverência" as tendências, preceitos e ensinamentos, uma vez que refletem "um raio daquela Verdade que ilumina todos os seres humanos". Nesse sentido, a Igreja insta os católicos "a conversar e colaborar com os seguidores de outras religiões, a fim de preservar, na verdade, para avançar, os bens espirituais e morais, bem como os valores socioculturais" defendidos por crentes de outras tradições.

O terceiro parágrafo refere-se aos muçulmanos, que merecem respeito devido à sua fé monoteísta, sua obediência incondicional à vontade divina segundo o modelo de Abrão. O documento não omite o fato de que, para os muçulmanos, Jesus não tem status divino. Ao mesmo tempo, menciona como positivo seu reconhecimento como profeta. Algo semelhante vale para a estima de Maria como mãe de Jesus. O texto salienta também os esforços morais dos muçulmanos e as observâncias da oração, da esmola e do jejum. O item termina com a lembrança dos mal-entendidos e hostilidades entre as duas religiões no passado e apela para a compreensão mútua, tendo em vista ações conjuntas para promover "a justiça social, os valores morais, bem como a paz e a liberdade".

O quarto parágrafo, que é sobre a relação entre a Igreja e o Judaísmo, volta a relembrar detalhadamente os vínculos entre a Nova e a Antiga Aliança conforme o projeto salvífico de Deus e as promessas nunca abandonadas, "apesar de uma grande parte dos judeus não ter aceito o Evangelho". Devido à magnitude do patrimônio espiritual comum entre cristãos e judeus, o Concílio recomenda a aquisição de conhecimento mútuo através de estudos bíblicos e teológicos, bem como por meio de diálogos fraternos. De acordo com a rejeição de qualquer tipo de injustiça, a Igreja condena o ódio e as perseguições aos judeus no passado e no presente. Por isso, no âmbito da Igreja deve ser evitado qualquer discurso capaz de suscitar nos corações de cristãos tais sentimentos negativos que caracterizassem os judeus como um povo "rejeitado, maldito, ou culpado de deicídio". Os acontecimentos em torno da paixão de Cristo "não podem ser atribuídos a todo o povo vivo na época, muito menos ao de hoje", também pelo fato de que a Igreja ensina que o sofrimento de Cristo e sua morte ocorreram "livremente, por causa dos pecados de todas as pessoas". "Portanto, a pregação cristã é proclamar a cruz de Cristo como um sinal de amor universal de Deus e como a fonte da qual brota toda a graça."

O tópico final contempla a fraternidade universal devido à igualdade dos seres humanos criados à imagem de Deus, o que faz com que a Igreja reze para o "Pai de todos". Reconhecendo a dignidade humana dessa forma, não há espaço para nenhuma prática discriminatória por causa de raça, cor, credo ou estilo de vida. Uma vez que a mensagem cristã vai além disso, o Concílio, seguindo os passos dos apóstolos São Pedro e São Paulo, apela aos fiéis para contribuírem para "relações amistosas entre as nações" e a "viverem em paz com todos".

Em 20 de novembro de 1964 houve 3 votações relativas ao esquema. A primeira se referiu aos primeiros três parágrafos da Declaração. Ao todo, 1.838 padres aprovaram essa parte (*placet*), 136 votaram contra (*non placet*); 13 votos foram inválidos. Quanto à segunda parte (4º e 5º parágrafos), houve 1.770 votos positivos, 185 negativos e 14 nulos. Na terceira votação relativa à Declaração na íntegra, 1.651 deixaram o texto passar na forma dada, 242 votaram positivo sob a condição da realização de posteriores modificações pontuais (*placet iuxta modum*), 99 não concordaram com o esquema e 14 votos foram inválidos. Devido às críticas expressas pelos votos negativos ou parcialmente desfavoráveis, o texto foi devolvido ao Secretariado com a perspectiva de que o grupo responsável, já no início do período intersecional, desse uma "última demão" ao documento.

6. A evolução do esquema durante a intersessão 1964-1965 e a finalização da Declaração durante a quarta sessão conciliar

A votação majoritariamente positiva *De Ecclesiae habitudine ad religiones non christianas* na fase final da terceira sessão conciliar não havia liberado os redatores da Declaração do seu trabalho complexo. Pelo contrário. Na fase após a aprovação principal do esquema, obstáculos já encontrados

A construção do diálogo

em outros momentos continuaram a interferir na rotina do Secretariado. Fatores como a pressão política externa, a preocupação de minorias cristãs em diferentes países do Oriente Médio, reportagens dramatizadoras nas mídias e polêmicas por parte de padres conciliares conservadores não deixaram os integrantes do Secretariado para a Promoção da Unidade dos Cristãos relaxarem e os obrigaram a buscar formulações capazes de conciliar os diferentes grupos de interesse envolvidos no debate sobre o texto e suas consequências. Já na primeira semana de dezembro de 1964, ficou evidente que a última etapa da redação não seria mais fácil do que os períodos anteriores. Foram os dias da viagem de Paulo VI a Bombaim, onde ele presidiu, como primeiro papa da história, o Congresso Eucarístico Internacional, encontro mundial de católicos devotos organizado desde o fim do século XIX. O momento mais delicado nesse contexto foi a curta escala do papa em Beirute, onde foi recebido por Charles Helou, o então presidente da República de Líbano. Sendo cristão maronita, Helou foi encarregado pela Liga Árabe de informar Paulo VI sobre o protesto do mundo árabe contra o documento em andamento.

Consequentemente, Helou solicitou a suspensão do texto até o fim do conflito político na região. Para reforçar a demanda, o mandatário libanês informou o papa sobre as medidas repressivas aos cristãos e às igrejas locais que seriam tomadas pelos Estados em questão, caso eles percebessem uma evolução "pró-Israel" na elaboração dos documentos do Concílio. Seriam planejados principalmente no Iraque e no Egito o impedimento de iniciativas cristãs, a cassação dos privilégios para escolas católicas e a rejeição de pedidos de construção de novas igrejas. A confrontação direta do papa com as exigências dos governos árabes em Beirute foi apenas a ponta de um iceberg. Durante essa intersessão, diplomatas árabes acreditados no Vaticano, sobretudo os da Jordânia, Líbano, Egito e Síria, não perderam nenhuma oportunidade para protestar formalmente contra as medidas do Concílio supostamente em prol do reconhecimento do Estado de Israel.[19] Esses assédios políticos repercutiram nas discussões particularmente

---

[19] MENGOD, Daniel Sancho. *Shoah und Antisemitismus auf dem Zweiten Vatikanischen Konzil. Das Ringen um die Entstehung von Nostra Aetate §4 in Kontext von Politik, Geschichte und Theologie.* (Dissertação de mestrado em Teologia). Viena, 2011, pp. 37-38.

através dos padres conciliares vindos de países árabes, que, como antes, mostravam-se preocupados com a possibilidade de uma piora severa da situação das comunidades e instituições católicas nas regiões afeitadas em reação direta à promulgação da Declaração.

Entre as então tentativas de superar as hostilidades destaca-se a palestra sobre o "Monoteísmo no mundo de hoje", que o Cardeal König proferiu em 31 de março de 1965 na universidade Al-Azhar, no Cairo. O palestrante desistiu de mencionar divergências teológicas entre o Cristianismo e o Islã. Em vez disso, procurou máxima aproximação argumentativa ao Islã. Diante de um público convicto de que o Islã é a religião "nativa" da humanidade e todos os seres humanos têm inclinação ao monoteísmo, König baseou sua argumentação inicial na teoria do monoteísmo primordial de Wilhelm Schmidt, segundo a qual a fé em um único Deus antecede historicamente o politeísmo. Este só existiria devido à incapacidade do ser humano de manter sua crença original e à falta da revelação divina em diversos períodos da história. Sem ser guiado por Deus, é impossível recuperar a fé original. Em vez disso, é necessário contentar-se com rastros da verdade até mesmo presentes nas formas religiosas simples. Em tais épocas, o monoteísmo havia sido ameaçado pelo politeísmo. No presente (falamos do período da palestra no Cairo), os maiores desafios estariam no ateísmo promovido ou pelo marxismo ou pela cosmovisão científica. Nesse sentido, apesar das diferenças e de uma história nem sempre construtiva, Cristianismo e Islã estariam na mesma situação e deveriam colaborar para vencer os riscos da atualidade. Na maioria, o mundo islâmico reagiu positivamente à fala do Cardeal König.

O interesse da facção cristã "oriental" de impedir um texto direto ou parcialmente redigido em favor dos judeus sobrepôs-se às aspirações de participantes do Concílio associados ao chamado *Coetus Internationalis Patrum*. Tratava-se de uma aglutinação de padres conservadores que ganhou visibilidade a partir da segunda sessão por meio de articulações de oposição contra decisões majoritárias. Era um grupo heterogêneo ao redor de um núcleo de aproximadamente uma dúzia de padres, entre eles

A construção do diálogo

o fundador da iniciativa – o arcebispo brasileiro Geraldo Proença Sigaud (1909-1999) –, o arcebispo francês Marcel Lefebre (1905-1991) e o bispo italiano Luigi Carli (1914-1986). A maior parte dos simpatizantes do grupo vinha de países de línguas românicas, mas havia alguns de países orientais já citados, como o patriarca da Igreja Católica Siríaca, Ignatius Gabriel I. Tappouni, o patriarca católico armênio, Iknadios Bedros XVI Batanian (1899-1979), do Líbano, e o patriarca da Igreja Copta, Stéphanos I Sidarouss (1904-1978). No total, cerca de 80 pessoas compareceram às reuniões e defenderam a posição da facção. Apesar da sua pequena dimensão quantitativa e do seu relativo isolamento no meio dos padres conciliares, o grupo teve certo impacto sobre as discussões conciliares, também devido às suas comunicações por escrito enviadas para uma lista de interessados, que acabou acumulando cerca de 800 nomes.

As discussões sobre o esquema relativo aos judeus foram momentos privilegiados para o pronunciamento de representantes do *Coetus Internationalis Patrum*. Um exemplo para tais articulações é o documento *Suggestiones circa suffragationes mox faciendas de Schemate: "De Ecclesiae habitudine ad religiones non christianas"*, que apelou aos padres conciliares para se posicionarem contra o esquema. Um dos erros identificados pelo texto era a absolvição dos judeus da acusação do deicídio. Outra falha residiria no fato de que seus autores teriam omitido a distinção categórica entre a Antiga e a Nova Aliança. De fato, a Igreja Católica representaria o novo povo de Deus, excluindo os judeus deste paradigma salvífico. Além disso, a Declaração deixaria a desejar em termos de clareza a respeito da relação entre o diálogo e o anúncio do Evangelho por diluir a diferença essencial entre a verdade representada pela Igreja e as ofertas das outras religiões. Com isso, o texto enfraqueceria o ímpeto missionário católico.

O crescente consenso sobre a pertinência da declaração sobre o Judaísmo e outras religiões entre a maioria dos padres no decorrer da quarta sessão conciliar despertou reações nervosas em alguns adversários. As medidas mais drásticas manifestaram-se em forma de cerca de meia dúzia de artigos e panfletos[20] redigidos em prol da revitalização das velhas aversões contra os judeus, que, para os defensores da declaração, tinham sido responsáveis pelo antissemitismo e pela perseguição sistemática dos judeus no decorrer dos séculos.

Um dos textos divulgados na esperança de que seu conteúdo pudesse aumentar a resistência da plateia contra a declaração foi o livreto *O problema del Judaísmo ante el Concilio Vaticano II*, de autoria de Luigi Carli (1914-1986), que tinha assumido, a partir da terceira sessão, o papel de porta-voz do *Coetus Internationalis Patrum*. Na brochura, Carli lamentava que as informações sobre a declaração generosamente fornecidas pelo Vaticano teriam sido repassadas de maneira unilateral para influenciar o debate e a votação a favor da declaração. A mídia teria criado uma atmosfera partidária e preconceituosa. Essa atmosfera turbulenta, segundo a obra, não seria apropriada para a decisão sobre uma causa tão séria e importante.

Todavia, a votação majoritariamente favorável de 20 de novembro de 1964 não seria o fim da história. Ainda haveria tempo para repensar a promulgação. Pois era exatamente esse momento de mobilidade o visado pela publicação de Carli, que buscaria "trazer luz" a um lado até então negligenciado pelos debatedores.

Um aspecto julgado importante por Carli residia nos trechos dos esquemas que proibiam a acusação dos judeus de deicídio e rejeitavam a ideia de que o povo de Israel seria eternamente condenado e abandonado por Deus. Segundo o bispo italiano, seria precoce tomar uma decisão definitiva diante dessa problemática. Em vez disso, teria que se realizar um estudo teológico mais profundo a partir de um material mais abrangente e diversificado. Em função disso, seria necessária uma exegese minuciosa de um número grande de trechos do Antigo e do Novo Testamento, bem como de textos oficiais de Igreja sobre o assunto. Em um trabalho desses, nenhum versículo e nenhuma frase relevante deveriam ser omitidos

---

[20] Cf. PORTO, Padre Humberto. *Os protocolos do Concílio Vaticano II: sobre os judeus*. São Paulo: Edições Diálogo, 1984, pp. 72-73.

A construção do diálogo

devido a um interesse particular no resultado do estudo. A investigação também não deveria ser influenciada pela compaixão para com os judeus após o Holocausto. Até o encerramento desses estudos, Carli não abriria mão de sua convicção de que o povo judeu na época de Jesus foi coletivamente responsável pela morte de Cristo. Essa conclusão valeria, apesar de a "ação deicida" ter sido praticada por um pequeno grupo de pessoas – eleitas democraticamente e que representavam a totalidade da população judaica. Além disso, o julgamento contra Jesus teria sido feito em nome da lei mosaica e em favor da proteção do povo.

Problematizando trechos bíblicos citados pelos defensores dos judeus, Carli achou também justificável afirmar a condenação dos judeus por Deus. Uma referência que apoiaria essa opinião estaria em Lucas 23,34: "Pai, perdoai-os porque eles não sabem o que fazem". Segundo Carli, ninguém poderia saber a quem Jesus realmente se dirigia com aquelas palavras. Em vez de tomar como garantido que esses e outros versículos do mesmo tipo inocentariam a grande maioria dos judeus, o bispo italiano lembrou trechos alternativos, entre eles Mateus 21,43: "Por isso vos afirmo que o Reino de Deus vos será tirado e confiado a um povo que produza seus frutos". Mais claro ainda seria a seguinte fonte bíblica:

> Jerusalém, Jerusalém, que matas os profetas e apedrejas os que te são enviados, quantas vezes quis eu ajuntar os teus filhos, como a galinha recolhe os seus pintinhos debaixo das suas asas, e não o quiseste! Eis que a vossa casa vos ficará abandonada, pois eu vos digo: não me vereis, desde agora, até o dia em que direis: *Bendito aquele que vem em nome do Senhor!* (Mateus 23,37-38).

Algo semelhante valeria para o problema da condenação eterna do povo judeu, a não ser que ele se convertesse ao Cristianismo. Como trecho considerado oportuno nesse sentido, Carli citou 2 Coríntios 3,14-16, em que se lê:

> Mas os seus espíritos se tornaram obscurecidos. Sim, até hoje, quando leem o Antigo Testamento, este mesmo véu permanece. Não é reti-

rado, porque é em Cristo que ele desaparece. Sim, até hoje, todas as vezes que leem Moisés, um véu está sobre o seu coração. É somente pela conversão ao Senhor que o véu cai.

Resumindo seu raciocínio, Carli criticou o impedimento de uma discussão livre no âmbito do Concílio e a pressa com que a decisão seria imposta à assembleia. Em vez disso, seria mais de acordo com o caráter conciliar se o estudo e o debate fossem delegados aos teólogos especializados em assuntos e problemas afins.

Outro autor que se sentiu chamado a "resgatar" a Igreja de erros graves em relação à redefinição da postura católica diante do Judaísmo foi o jornalista e ensaísta católico francês Léon de Poncins (1897-1975), defensor da teoria de conspiração anticristã de uma aliança entre judeus e maçons. Em uma publicação posterior, o autor lembrava os próprios esforços para advertir a assembleia conciliar do grande perigo implícito nos diferentes esquemas referentes ao Judaísmo. Em outubro de 1965, ainda antes da votação final sobre a Declaração, Poncins foi pessoalmente a Roma, onde distribuiu para mais de 2 mil padres conciliares e um bom número de personalidades importantes um panfleto intitulado *"Le Problème Juif face au Concile"*. Dois terços da brochura eram escritos em italiano e o restante em francês. Nela, o autor resumia o papel e os argumentos de Jules Isaac e outros pensadores judeus da época para preparação e posterior redação do polêmico documento conciliar.

Argumentava que a maioria dos padres conciliares desconheceria a verdadeira essência do Judaísmo e, ignorante das questões religiosas, deixar-se-ia influenciar apenas por apelos humanitários inteligentemente articulados pelos porta-vozes do Judaísmo internacional e pela mídia favorável aos interesses dos judeus. O que parece o trabalho redacional de um grupo de teólogos católicos seria, na verdade, a obra de Jules Isaac (em primeiro lugar) ou de personagens judeus como Label Katz, então presidente de B'nai B'rith, e Nahum Goldman, então presidente do Congresso Judaico Mundial. Do ponto de vista dos padres conciliares, as exigências

A construção do diálogo

101

dos pensadores judeus valeriam mais do que os ensinamentos dos evangelistas, dos pais da Igreja e dos grandes teólogos do passado que elaboraram a doutrina questionada por Jules Isaac e seus aliados.

Esses e outros protagonistas usariam o rótulo do "ecumenismo" para incentivar uma reconsideração perigosa da teologia católica tradicional sobre o Judaísmo, inclusive a doutrina que afirmava uma ruptura completa, irredutível e eterna entre o Judaísmo e o Cristianismo. Uma vez que seriam duas religiões antagônicas e o pedido judaico de reconciliação relativizaria a essência do Cristianismo, este, sem dúvida, se dissolveria no Judaísmo. Para Poncins, os primeiros esquemas do documento foram inaceitáveis pelo fato de que, enquanto os judeus foram inocentados, a Igreja se viu na posição de acusada, culpada do permanente e não justificável crime do antissemitismo dos últimos 2 mil anos. Tratar-se-ia de resultado de um complô altamente hábil entre o Cardeal Bea, Jules Isaac e outros judeus.

Embora o esquema de 1965 seja menos favorável para os judeus nesse sentido, ele ainda contém ambiguidades que teriam merecido uma revisão à luz da atitude católica diante dos judeus em vigor há 15 séculos. Para Poncins, o protesto conservador contra o texto está de acordo com as verdades históricas e corresponde a uma leitura pertinente dos Evangelhos. Segundo ele, muitos especialistas da Igreja têm confirmado a responsabilidade coletiva dos judeus pela morte de Cristo e o Novo Testamento argumenta exatamente assim.

Acompanhado por tentativas de forças sombrias de reescrever a história, a versão aperfeiçoada do esquema, agora intitulada *Declaratio de Ecclesiae habitudine ad religiones non-christianas*, foi apresentada e debatida em meados de outubro de 1965. Em seu relato em 14 de outubro, o Cardeal Bea salientou que não seria objetivo do documento oferecer uma descrição detalhada de todas as religiões e suas diferenças entre elas e o Catolicismo. Em vez disso, o texto destacaria os laços entre os homens e as religiões para que eles pudessem servir como base de um diálogo e de colaboração mútua. Além disso, a parte sobre o Judaísmo foi elaborada com mais cuidado para evitar interpretações políticas. As primeiras votações, de um total de 10 votações sobre diferentes pontos do esquema (votações de 1 a 8), sobre o desempenho do Secretariado para a União dos Cristãos quanto às intervenções recebidas em relação à versão anterior e, finalmente, sobre o esquema na íntegra (10º turno), começaram no mesmo dia e foram completadas no dia seguinte. Todas as passagens foram aprovadas pela grande maioria, o que se confirmou na décima votação, em que mais de 96% dos padres conciliares (2.221 votos positivos contra 88 negativos e 9 nulos) demonstrou sua concordância com o resultado obtido pelo grupo de trabalho responsável.

Abstraindo de algumas correções retóricas menores, o texto *Declaratio de Ecclesiae habitudine ad religiones Non-Christianas – Nostra Aetate* foi finalmente promulgado pelo Papa Paulo VI em 28 de outubro de 1965.

CAPÍTULO IV
A DECLARAÇÃO *NOSTRA AETATE*

Com um corpo composto por apenas 1.201 palavras, a Declaração *Nostra Aetate* é o documento mais curto dentre os textos conciliares. De maneira sucinta, busca se posicionar diante da história, da atualidade e do futuro da relação da Igreja com as outras religiões. O leitor despreparado corre o risco de negligenciar sua profundidade. Uma apreciação adequada do documento pede sensibilidade tanto para a sua densidade, no que respeita às questões teológicas nele implicitamente presentes, quanto para as respostas diretas ou indiretas que os padres conciliares deram a tais problemas.

1. Elementos teológicos fundantes da Declaração *Nostra Aetate*

Quais são as questões-chave que norteiam o raciocínio teológico fundante de *Nostra Aetate*? Por enquanto, vale destacar as seguintes: qual a significação da variedade de múltiplas religiões em relação ao papel do Cristo, do Evangelho e da missão universal da Igreja na história e na atualidade, em nível global? Qual a abrangência e o alcance da graça divina? Qual o destino das pessoas não batizadas? Além dessas inquietações mais gerais, a Declaração demonstra preocupações mais pontuais em relação às especificidades das diferentes religiões. No caso do Judaísmo, por exemplo, o documento busca uma resposta ao problema representado pela hipótese de a Igreja ter substituído o povo judeu e, assim, tornado a antiga Aliança (com o povo de Israel) obsoleta. Vale lembrar que as questões supracitadas tornar-se-iam paradigmáticas para a disciplina da Teologia das Religiões, que se impôs às agendas universitárias nas décadas após o Concílio.

As respostas dadas pelos esquemas e debates conciliares aos problemas acima indicados encerraram a longa fase da tendência soteriológica exclusivista predominante na maior parte da história da Igreja. Durante séculos, a percepção de outras religiões tinha sido norteada pela reivindicação de que fora da Igreja não há salvação. Essa postura corresponde ao famoso lema *extra Ecclesiam nulla salus*, formalizado no século III. Desde cedo, porém, tal posição majoritária foi desafiada por um raciocínio expresso abaixo da esfera canônica e elaborado em diferentes momentos do passado por uma série de teólogos. A Declaração *Nostra Aetate* faz referência a esses modelos teológicos alternativos. Eles alimentam a argumentação dos autores, mas, devido ao caráter sucinto do texto, os teoremas não são sistematicamente elaborados. Uma compreensão adequada do documento, porém, depende da sensibilidade para as alusões teológicas nas entrelinhas. Os próximos parágrafos têm como objetivo preparar essa leitura mais profunda. O primeiro passo é um resumo do princípio *extra Ecclesiam nulla salus*. A seguir, será sintetizado o raciocínio que relativiza a postura exclusivista da Igreja.

1.1. A doutrina *Extra Ecclesiam Nulla Salus* como princípio historicamente predominante

O lema *extra Ecclesiam nulla salus* não se encontra literalmente no Novo Testamento. Porém, há trechos que estimulam a interpretação da exclusividade salvífica da Igreja. Trata-se de articulações típicas de uma religião que, na busca por sua integridade e ainda privada de uma existência histórica duradoura e de um número considerável de aderentes, substitui a autolegitimação recorrendo a esses fatores por meio de uma retórica radicalizadora que diferencia de maneira dramática o grupo em questão e o "resto do mundo".

Entre os versículos relevantes, vale lembrar o do Evangelista João (14,6), que cita Jesus com as palavras categóricas: "Eu sou o Caminho, a Verdade e a Vida. Ninguém vem ao Pai a não ser por mim" (João 14,6). Uma afirmação análoga encontra-se no Evangelho de Marcos: "Aquele que crer e for batizado será salvo; o que não crer será condenado" (16,16). Outro exemplo

A construção do diálogo

105

é a afirmação: "Pois não há, debaixo do céu, outro nome dado aos homens pelo qual devamos ser salvos" (Atos 4,12).

Versículos bíblicos do tipo supracitado representam o fundamento do princípio dogmático da exclusividade salvífica da Igreja repetidamente fortalecido e repisado em momentos em que a comunidade cristã primitiva enfrentava a ameaça de desintegração, seja por tensões internas, seja por razões apologéticas direcionadas a desafios externos. Santo Inácio, bispo de Antioquia no primeiro século, por exemplo, alertou os membros da sua comunidade para o perigo de tendências heréticas, argumentando que apenas a submissão às doutrinas e disciplinas da Igreja garantiria a salvação.

Orígenes de Alexandria (~185-253 d.C.) apropria-se, em uma homilia direcionada à comunidade cristã local, da metáfora bíblica da destruição de Jericó para salientar, diante dos desafios de um ambiente religioso plural, o exclusivismo salvífico da Igreja. Foi nessa obra que o lema *extra Ecclesiam nulla salus* apareceu pela primeira vez em sua forma literal. Com as mesmas palavras, Cipriano (200 ou 210-258 d.C.), a partir do ano 249 bispo de Cartago, combateu tentativas desintegradoras em sua obra de título programático *De catholicae ecclesiae unitate*. Publicado por volta de 251, o livro não apresentava especulações teológicas gerais, mas apontava para uma situação concreta marcada por propensões "heréticas" específicas. Nele, Cipriano afirmava que, ao sair da comunidade cristã, o indivíduo não teria mais acesso às garantias dadas por Deus à Igreja.

Devido à ascensão do Cristianismo à condição de religião de Estado e ao conhecimento geográfico limitado da terra, a posição da Igreja diante de religiões não cristãs endureceu a partir do século IV. Decisiva para essa radicalização foi a suposição de que o Evangelho havia sido globalmente divulgado, de que virtualmente todos os contemporâneos tinham a oportunidade de conhecer a mensagem de Cristo e de que o grupo dos "pagãos" seria composto por indivíduos que haviam propositalmente rejeitado a oferta salvífica da Igreja. Embora o raciocínio sobre o destino de seres humanos não afiliados à Igreja continuasse estimulando incidentes de deslealdade e provocações, verificou-se uma tendência de os trechos relevantes assumirem um caráter mais geral, no sentido de afirmações soteriológicas principais.

Isso se torna sensível na maneira como Santo Agostinho (345-430) respondeu à pergunta sobre a possibilidade de salvação fora da Igreja. Ainda envolvida em brigas com cismáticos, a doutrina do bispo de Hipona transcendeu cenários conflituosos concretos e chegou a um grau de generalidade até então não alcançado pela teologia patrística. Agostinho considerou a vinda de Cristo uma virada da história da salvação, em que, devido à revelação divina, ela já não seria mais "intuída" por um grupo pequeno de predestinados, mas estaria disponível a todo mundo. O indivíduo, porém, teria que se apropriar dessa oportunidade por meio do Batismo, da participação nas missas e dos sacramentos do altar. Isso significava que o pertencimento à comunidade visível da *Ecclesia catholica* era um pré-requisito para salvação. Por essa perspectiva, quem permanece fora da Igreja, apesar de ter recebido a mensagem de Cristo, desperdiça sua chance de ganhar a vida eterna. Com isso, confirmava-se o *particularismo salvífico institucional*[1] implícito no lema *extra Ecclesiam nulla salus*.

O tema foi retomado por Fulgêncio de Ruspe (468-533), cujo livro *De fide ad Petrum* é considerado uma etapa decisiva na trajetória do conceito. A obra é conhecida por suas "fórmulas cristalinas" e sua "dureza não dialética", bem como pelo fato de as articulações do autor "terem se gravado na consciência cristã dos séculos posteriores".[2] Entre outras coisas, Ruspe apelou aos seus leitores para manterem a fé absolutamente firme e inabalável no fato de que aqueles que não receberem o sacramento do Batismo sofrerão a pena do fogo eterno. O raciocínio inequívoco de Ruspe foi

---

[1] MAZZOLINI, Sandra. Extra Ecclesiam Nulla Salus? What Has the Catholic Church Learned about Interfaith Dialogue since Vatican II? In: LATINOVIC, Vladimir; MANNION, Gerard; PHAN, Peter C. (ed.). *Pathways for Interreligious Dialogue in the Twenty-First Century*. London: Palgrave Macmillan, 2016, pp. 41-52, especialmente, p. 49.

[2] RATZINGER, Josef. *Das neue Volk Gottes. Entwürfe zur Ekklesiologie*. Düsseldorf: Patmos, 1970, p. 345, nota de rodapé 31.

A construção do diálogo

reconfirmado pelo Papa Inocêncio III (1160-1216) na carta "*Eius exemplo*", dirigida ao arcebispo de Tarragona e datada de 18 de dezembro de 1208, em que se lê: "Com o coração cremos e com a boca confessamos uma só Igreja, não dos hereges, mas a santa, romana, católica e apostólica, fora da qual nós cremos que ninguém se salva".[3]

Semelhantemente claro é o posicionamento do IV Concílio de Latrão (1215), conhecido por sua ênfase sacramental, inclusive na Eucaristia e no Batismo já sancionado pelo Credo niceno-constantinopolitano ("Confessamos um só batismo para remissão dos pecados"). É nesse contexto que foi explicitamente confirmado que "há uma só Igreja universal dos fiéis, fora da qual absolutamente ninguém se salva".[4] A Bula *Unam Sanctam*, do Papa Bonifácio VIII (~1235-1303), assegurou a validade contínua do lema, salientando que "há uma só Igreja, santa, católica e que esta mesma é apostólica", e "que fora dela nem há salvação nem remissão dos pecados".[5]

O impacto de Fulgêncio de Ruspe sobre a consolidação da postura exclusivista da Igreja Católica torna-se evidente nas formulações encontradas em *De fide ad Petrum* e literalmente incorporadas no Decreto para os jacobitas na *Bula Cantate Domino*, promulgada pelo Concílio de Florença (1442).

> A Igreja crê firmemente, confessa e anuncia que *nenhum dos que estão fora da Igreja católica, não só os pagãos*, mas também os judeus ou hereges e cismáticos, poderá chegar à vida eterna, mas irão para o fogo eterno "preparado para o diabo e seus anjos" [Mt 25,41], se antes da morte não tiveram sido a ela reunidos; ela crê tão importante unidade do corpo da Igreja, que só para aqueles que nela perseveram os sacramentos da Igreja trazem a salvação e o jejuns, as outras obras

---

[3] DENZINGER, Heinrich. *Compêndio dos símbolos, definições e declarações de fé e moral.* São Paulo: Paulinas/Loyola, 2007, pp. 279-282, especialmente p. 280.

[4] BOURGEOIS, Henri; TIHON, Paul; SESBOUE, Bernard. *História dos dogmas: os sinais da salvação.* São Paulo: Loyola, 2005, t. 3, p. 105.

[5] Ibid., pp. 305-307, especialmente p. 305.

de piedade e os exercícios da milícia cristã podem obter a recompensa eterna. *Ninguém, por mais esmolas que tenha dado, e mesmo que tenha derramado o sangue pelo nome de Cristo, poderá ser salvo, se não permanecer no seio e na unidade da Igreja Católica.*[6]

1.2. Relativizações do princípio *Extra Ecclesiam Nulla Salus* nos períodos da patrística e escolástica

As referências citadas no item anterior refletem a postura soteriológica *dominante* da Igreja durante a maior parte da sua história, não apenas diante de ameaças de desintegração interna, mas também em face das religiões não cristãs, na medida em que elas foram julgadas um desafio para a Cristandade. Um segundo olhar, porém, revela que desde o período patrístico o lema *extra Ecclesiam nulla salus* foi relativizado por um raciocínio complementar. Essa relativização vale até mesmo para alguns advogados do papel restrito do Cristianismo. Os textos dos respectivos teólogos exploraram até certo ponto argumentos alternativos à ideia de que apenas a Igreja garante a salvação, sem fazer, porém, com que este raciocínio "infracanônico" tivesse superado a retórica exclusivista.

As primeiras articulações desse raciocínio remontam à segunda metade do século II d.C., ou seja, a uma época em que a Teologia foi desafiada pela pergunta relativa à situação em que se encontravam as pessoas que viviam antes da pregação do Evangelho ou fora do território de missão. Sendo Deus capaz de alcançá-las, porque a vinda de Cristo foi necessária?

Os pensadores cristãos que começaram a dedicar parte das suas obras à reflexão sobre tais problemas mostram o importante papel do conceito do *Logos* na Teologia do segundo e terceiro séculos. A noção tem suas raízes filosóficas no Estoicismo, cujos representantes atribuíram ao termo dois sentidos complementares, isto é: a) uma força cósmica, semidivina e persuasiva que tinha criado o mundo material e continua a atuar

---

[6] Ibid., pp. 366-373, especialmente p. 372. As partes em itálico indicam as frases "emprestadas" de Ruspe.

A construção do diálogo

dinamicamente no universo; e b) uma faculdade norteadora no interior do ser humano. Para determinadas escolas filosóficas, tal faculdade capacitaria o indivíduo a viver de acordo com a ordem cósmica, e a crescente harmonia entre os dois representaria o caminho de autorrealização pessoal. Em outras palavras: a filosofia grega, especialmente o estoicismo, entendeu o *Logos* como uma força penetrante e onipresente no cosmo, bem como determinante para todos os acontecimentos do mundo.

Neste sentido, o *Logos*

> residia em dois níveis, isto é: como *Logos macro* e *Logos micro*. Enquanto o primeiro representa o princípio metafísico por excelência, o último penetra o mundo e é posto na alma razonal humana, na qual opera como uma semente de Logos. Por meio do desenvolvimento dessa semente os seres humanos reconhecerão sua origem, isto é, o *Logos macro*. A doutrina do *Logos spermatikos* era uma maneira de pensar para conectar a essência espiritual do mundo com o ser humano racional.[7]

Um dos teólogos que se apropriaram dessas ideias foi Flavio Justino (~100-165 d.C.). Incentivado pela busca de superar a tensão entre a ideia de um Deus ilimitadamente bondoso e a particularidade da manifestação concreta da sua oferta salvífica em Cristo, o teólogo de Alexandria deduziu algumas implicações do conceito do *Logos* para criar pontes entre a Igreja e a comunidade humana mais abrangente. Nesse contexto, Justino recorreu ao prólogo ao Evangelho de João, que começa com a frase: "No princípio era o Verbo e o Verbo estava com Deus e o Verbo era Deus" (João 1,1). Mais adiante, encontra-se outra afirmação em que Justino se orientou, a saber: "O Verbo era a luz verdadeira que ilumina todo homem" (João 1,9). Foi apenas em um momento posterior que "o Verbo se faz carne, e habitou entre nós e nós vimos a sua glória, glória que ele tem junto ao Pai como Filho único, cheio de graça e da verdade" (João 1,14). Seguindo João 1,1,

---

[7] SHIN, Jeonghun. *Kirche als Weltforum: zum Dialogverständnis in kirchlichen Dokumenten seit dem Zweiten Vatikanischen Konzil*. Münster: Lit-Verlag, 2010, p. 77, (grifo nosso).

Justino concebe o *Logos* como sendo a razão fundamental em tudo idêntica a Cristo. Essa realidade universal é "naturalmente" compartilhada por cada integrante da humanidade. Aqueles que vivem de acordo com o *Logos* são cristãos – mas o *Logos* não se limita à vida destes. Todas as expressões do verdadeiro e do bem refletem algum aspecto do *Logos*. À medida que o conhecimento humano do passado foi movido pelo *Logos*, centelhas da luz verdadeira e corpúsculos do conhecimento genuíno de Deus se faziam presentes. Todavia, uma vez que se tratam apenas de fragmentos do *Logos*, afirmações pré-cristãs, religiosas (como no caso dos judeus) ou não (como nos casos de diversos filósofos gregos), são apenas representações esmaecidas da verdade. As últimas apontavam para a direção correta, mas não chegaram à plenitude do *Logos* manifestado nos ensinamentos de Cristo, que são "os mais nobres de todos os ensinamentos humanos".[8] Mesmo assim, Justino reconhece o valor das articulações parciais do *Logos*. Ele afirma, no parágrafo sobre os "Cristãos antes de Cristo", do seu primeiro livro de apologia, que os cristãos propriamente ditos foram antecedidos por pessoas "que viveram conforme o Verbo", entre elas "Sócrates, Heráclito e outros semelhantes", bem como "Abraão, Ananias, Azarias e Misael, e muitos outros".[9] Nesse sentido, a teologia do *Logos* (inclusive o conceito da *semina Verbi*, tradução latina da expressão grega *Logoi spermatikoi*) fornece uma maneira de mediação entre a Cristandade propriamente dita e os que não pertençam a ela, mas não abre mão da superioridade das doutrinas cristãs e da Igreja.

O segundo teólogo frequentemente citado em relação ao uso do tópico do *Logos* é Irineu de Lyon (~130-202), considerado o primeiro pensador cristão a apresentar uma teologia da história que valoriza o Judaísmo e outras religiões antigas. Dessa maneira, Irineu estendeu a obra salvífica para aqueles indivíduos do passado que respeitaram e amaram a Deus e, ao

---

[8] POPE, Kyle. *The Second Apology of Justin Martyr, with Text & Translation*. Shawnee Mission: Ancient Road Publications, 2001, p. 29.

[9] Citação da versão eletrônica de *I Apologia*, de Justino de Roma, São Paulo, Paulus, 1995. <http://www.monergismo.com/textos/apologetica/Justino_de_Roma_IApologia.pdf, p. 30>.

A construção do diálogo

mesmo tempo, se esforçaram, cada um de acordo com sua capacidade individual, para viver uma vida justa. Conforme afirmações feitas por Irineu na sua obra magna *Adversus haereses* [Contra as heresias], a revelação não se limita à encarnação do Filho. Deus se revela para quem e quando quiser. Isso significa que o *Logos* é algo universal e está presente desde o início do mundo. A sequência de revelações do *Logos* na história, embora tenham sido distribuídas de maneira desigual entre os povos, representam um avanço constante da obra salvífica de Deus e chegaram à sua plenitude na encarnação de Cristo, que representa uma nova qualidade na história da revelação. Já antes disso, os profetas bíblicos, graças ao dom profético do *Logos*, por exemplo, anunciaram a futura encarnação do *Logos*, "prognosticando, desde o início, que Deus deve ser visto pelos homens e se comunicar com eles na terra".[10] As alianças entre Deus e grupos humanos, geradas por meio das revelações do *Logos*, beneficiaram aqueles que se abstiveram, na medida do possível, de ações, pensamentos e conversas malevolentes. Aqueles, porém, que transgrediram as normas divinas, que viraram as costas à Palavra de Deus ou, até mesmo, tornaram-se blasfemos, sofrerão severas penalidades eternas. As mesmas ideias encontram-se na obra *Epideixis* (*Demonstração da pregação apostólica*). Nela, Irineu afirma que Deus tem se revelado repetidamente a diferentes povos "para que eles sempre façam progresso por acreditar nele e, por meio de alianças sucessivas, gradualmente alcançar a salvação perfeita".[11] Cada uma das revelações "desenvolve a humanidade e aponta para o próximo passo, finalmente levando à comunhão entre Deus e a humanidade e resultando na Nova Aliança"[12] estabelecida por Cristo. Em outras palavras: "No decorrer das alianças, a

---

[10] IRENAEUS, St. *Adversus haereses* (Contra as heresias). O trecho encontra-se no quarto parágrafo do capítulo 20 do IV livro. Cf. <http://www.newadvent.org/fathers/0103420. htm>. Acesso em: 13/09/2016.

[11] IRENAEUS, ST. *Epideixis*. O trecho encontra-se no terceiro parágrafo do nono capítulo do IV livro. <http://www.newadvent.org/fathers/0103409.htm>. Acesso em: 09/10/2016.

[12] GRAHAM, Susan L. Irenaeus and the Covenants: "Immortal Diamond". In: YOUNG, Frances Margaret; EDWARDS, Mark J.; PARVIS, Paul M. *Critica et philological*. Leuven, 2006, pp. 393-398, especialmente p. 394.

humanidade é preparada para a 'visão de Deus', isto é, a comunhão com Deus, por meio da mediação do Logos".[13]

Uma determinada abertura para o reconhecimento do valor de abordagens pré-cristãs caracteriza também as reflexões soteriológicas de Tito Flávio Clemente (~150-~215 d.C.). Segundo Clemente, antes da encarnação do *Logos* na sua plenitude em Cristo, o conhecimento sobre Deus era apenas rudimentar. Há duas modalidades de obtenção desse saber. Uma delas é a razão, faculdade natural dada a todos os seres humanos. A segunda, mais sublime e mais seletiva, ocorre por meio da ação particular do *Logos*, que fornece aos respectivos sujeitos acesso àqueles segredos de Deus que não são acessíveis por outro meio. O pensamento cristão desfruta da condução divina completa. A filosofia "pagã" também veio de Deus, mas era apenas parcialmente sustentada por ele. O mesmo vale para a lei judaica. Embora defeituosas, ambas eram necessárias, uma vez que preparam a humanidade para a encarnação do *Logos* em Cristo, "alimentando" as sementes do *Logos* e as deixando crescer. A vinda de Cristo é o auge desse processo. Ele é o único caminho, mas desde que as práticas e doutrinas anteriores tivessem antecipado, até certo grau, os princípios do Evangelho, essas tendências assemelham-se a pequenas correntes fluviais que finalmente desembocaram no grande rio que metaforiza a encarnação de *Logos* na sua totalidade. Vale destacar que Clemente é o único entre os teólogos do período da patrística que inclui em seu raciocínio argumentos positivos sobre os filósofos orientais da Antiguidade. Cita, como filósofos não gregos, entre outros, os brâmanes e seguidores de Buda, desta maneira atribuindo a eles um significativo positivo na história da salvação.

Outro representante da teologia patrística que baseou seus pensamentos no conceito do *Logos* foi Orígenes (~185-253 d.C). Para ele, Deus equipou o ser humano com a razão e a faculdade de praticar a virtude em prol de uma vida justa. Isso comprova que o Criador se preocupa, desde o início dos tempos, com o destino das suas criaturas. Em função disso, Deus

---

[13] Ibid., p. 397.

A construção do diálogo **113**

espalhou um conhecimento de si mesmo através de diversos canais, entre eles a filosofia dos gentios. Mas esses caminhos ficaram atrás da glória da encarnação do *Logos*, porque Cristo tornou-se o homem "mais ornado do que qualquer outro pela participação mais elevada ao *Logos* em pessoa e à Sabedoria em pessoa". Assumiu um corpo humano "a fim de difundir a doutrina que faz participar da amizade do Deus do universo todo aquele que a recebe e cultiva em sua alma, e que conduz todo homem a seu fim".[14]

Além da manifestação total do *Logos* em Cristo, Orígenes reconhece outras formas de articulação da sabedoria divina no mundo humano, inclusive na Filosofia grega. Embora essas fossem faíscas menos "brilhantes", os "raios" do *Logos* não ficariam fechados em Cristo. Pelo contrário, fizeram-se presentes em várias outras ocasiões. Esses raios desempenharam, no âmbito da história de salvação, um papel preparatório – até sua superação pela revelação final em Cristo.

Um constituinte crucial das abordagens da Teologia do *Logos* já apresentadas é a ideia de que a vinda de Cristo não era algo imprevisto, mas sim, de uma ou outra forma, antecipada e preparada por manifestações parciais da verdade. Esse conceito é um dos pontos-chave do pensamento de Eusébio (~265-339 d.C.), que, como os outros teólogos da época, tomou como garantido "que o desenvolvimento inteiro do mundo é marcado e determinado pelo *Logos*".[15] Trata-se de uma dinâmica que, depois de ter inspirado as profecias do Antigo Testamento, "tornou-se finalmente aparente" em Jesus Cristo, a ponto de, quando "comparado com os gentios e judeus, o Cristianismo – devido à sua concordância com o *Logos* – é a única religião verdadeira".[16]

---

[14] ORÍGENES. *Contra Celso*. São Paulo: Paulus, 2004, VII, 17.

[15] ULRICH, Jörg. Wie verteidigte Euseb das Christentum? Eine Übersicht über die apologetischen Schriften und die apologetische Methode Eusebs von Caesarea. In: JACOBSEN, Anders-Christian; ULRICH; Jörg (org.). *Three Greek Apologists: Origen, Eusebius, and Athanasius*. Frankfurt: Peter Lang, 2007, pp. 49-74, especialmente p. 49.

[16] Ibid.

Baseado nesse axioma, Eusébio investiu grande parte de sua obra na elaboração do raciocínio de que todas as articulações do *Logos* antes do Cristo eram importantes, pois prepararam a humanidade para a recepção da verdade completa. O foco de Eusébio nessa questão repercute no título de sua imensa obra *Praeparatio evangelica* (15 volumes, lançados entre 314 e 318), em que pretende comprovar a superioridade do Antigo e do Novo Testamento diante das tradições dos gentios. Na sequência, ele lançou o trabalho ainda mais extenso *Demonstratio evangelica* (20 volumes, publicados entre 318 e 323), em que pretende evidenciar a preeminência do Cristianismo sobre o Judaísmo. Baseado nos argumentos anteriormente desenvolvidos, Eusébio lançou, em 324, a obra *Theophania*. As cinco partes do trabalho se dedicam de maneira mais explícita à história das manifestações do *Logos* no decorrer da história humana. O raciocínio é norteado pela hipótese de que as sequenciais articulações do *Logos* refletem uma dinâmica teleológica que se aproxima cada vez mais da verdade completa até culminar em Jesus Cristo. Resumindo as ideias apresentadas neste parágrafo, pode-se afirmar o seguinte:

> A Cristologia do *Logos* [...] abriu para os cristãos um caminho não apenas para reconhecer a influência persuasiva do *Logos* além do Cristianismo, mas também para entrar em diálogo com pensadores não cristãos, pelo menos na região mediterrânea. Aqueles que endossaram formas de pensamento judeu, platônico e estoico sobre o *Logos* podiam encontrar aspectos de uma base comum com os cristãos, que, mesmo assim, continuaram a se manter diferentes por meio da fé de que "o Logos se fez carne". Em geral, porém, a noção "do *Logos*" ofereceu uma ponte para a cultura da época.[17]

O conceito do *Logos*, porém, não era o único princípio atenuador do lema predominante *extra Ecclesiam nulla salus*. Isso revela um segundo olhar na obra de Santo Agostinho. Embora este último tenha vinculado

---

[17] O'COLLINS, Gerald. *The Second Vatican Council on Other Religions*. Oxford: Oxford University Press, 2013, p. 20.

A construção do diálogo

"a eficácia do Espírito Santo exclusivamente à Igreja e a seus meios de salvação",[18] também confirmou a ideia de Justino e outros de que a história humana ainda antes da vinda de Cristo demonstrara sinais da presença da graça divina entre os povos. Para Agostinho, essas manifestações da vontade salvífica de Deus têm beneficiado indivíduos extraordinários, ou seja, pessoas profundamente piedosas e morais. Essas qualidades nos identificaram como seres humanos predestinados. Foram membros da *civitas Dei* diferenciada da massa associada à *civitas terrena*, condenada. Tal *civitas Dei* foi norteada por uma espécie de religião "natural" (*vera religio*). Segundo Agostinho, a dicotomização entre *civitas Dei* e *civitas terrena* valeu desde o confronto entre Abel (*civitas Dei*) e Caim (*civitas terrena*). Para indicar esses efeitos da Graça no passado, Agostino cunhou o conceito *Ecclesia ab Abel* [Igreja desde Abel]. Ela prefigurou a Igreja de Cristo e tornou-se especialmente visível na vida dos justos do Antigo Testamento. Como já foi dito, apesar de tais concessões ao passado, a Teologia de Agostinho não abriu mão do postulado de que os habitantes da terra, a partir de Cristo, necessitavam da Igreja para alcançar a salvação.

Com sua obra *De vocatione omnium gentium*, Próspero da Aquitânia (~390–~455) rompeu com a postura rígida de Agostinho. O autor não resolveu todos os problemas relacionados aos conceitos de salvação, graça e predestinação. Além disso, escapou de uma resposta à pergunta sobre por que Deus deixara os gentios na escuridão. O livro enfatiza a vontade salvífica universal de Deus e discrimina entre a "graça geral" e a "graça especial". A última é reservada ao povo de Israel e aos piedosos cristãos. A primeira é, em princípio, concedida a toda a humanidade, mas pode se tornar ineficaz caso o indivíduo se desqualifique por meio de uma vida dominada pela malícia. A "graça geral" garante a todos determinado grau de conhecimento de Deus e, para alguns, esses *insights* podem ser suficientes para a salvação.

---

[18] WOHLLEBEN, Ekkehard. *Die Kirchen und die Religionen: Perspektiven einer ökumenischen Religionstheologie*. Göttingen: Vandenhoeck & Ruprecht, 2004, p. 51.

Dando continuidade à busca para uma mediação entre a doutrina da graça divina universal e a insistência na exclusividade salvífica da Igreja, teólogos da Escolástica contribuíram para a discussão com a distinção entre a *ignorância vencível* e a *ignorância invencível*. A primeira articulação literal dessas duas formas do desconhecimento (*ignorantia vincibilis* versus *ignoratia invincibilis*) encontra-se – ainda exclusivamente sob um ponto de vista ético – na obra de Pedro Lombardo (~1100-1160).[19] Simultaneamente, Graciano, teólogo italiano, tematizou a mesma ideia e, como Lombardo, sob a perspectiva da ética em termos da *ignorância voluntária* e *ignorância involuntária*. Do ponto de vista mais geral, ambos os pares de expressões se referem às limitações do intelecto, resultando na obscuridade de um objeto ou de um conteúdo de saber. A diferença entre as duas modalidades reside na responsabilidade do indivíduo diante de seu próprio desconhecimento. Uma ignorância é invencível quando uma pessoa é incapaz de superá-la por meio dos próprios esforços.

Tomás de Aquino (1225-1274) contribuiu também para essa discussão na perspectiva da culpa que só existe para aqueles que atuam sob a influência da ignorância vencível ou voluntária. Embora essas distinções tenham sido desenvolvidas sem relação obrigatória com a questão sobre a relação entre a Igreja e os "infiéis", elas desempenhariam posteriormente um papel importante exatamente nesse sentido. Até então (e condicionados pelo conhecimento limitado da extensão da terra), prevaleciam os conceitos de que o Evangelho tinha sido universalmente difundido e de que eventuais falhas pontuais do trabalho missionário representariam apenas acontecimentos excepcionais. Esse fato torna-se evidente pelos exemplos usados para indicar a remota possibilidade de uma divulgação incompleta da mensagem de Jesus. Foram construídos casos como o do deslocamento de crianças sequestradas por piratas para um lugar inacessível, ou o da criação de um menino "selvagem" por lobos nas profundidades de uma

---

[19] COLISH, Marcia L. *Peter Lombard*. Leiden: Brill, 1994. v. 1, pp. 379ss.

A construção do diálogo

floresta para indicar a possibilidade de que determinados indivíduos – sem culpa própria – fossem privados do conhecimento do Evangelho.

Outro conceito de Tomás de Aquino importante para o pensamento soteriológico de sua época é uma ideia deduzida de um conjunto de postulados, a saber: a) o objetivo final do universo é a verdade divina; b) Jesus Cristo é o testemunho perfeito desta finalidade; e c) a busca desta realidade no nível do indivíduo é fruto da providência divina. Em harmonia com essas suposições, Aquino tomava como garantido que o ser humano é naturalmente direcionado (ou: orientado [*ordinantur*]) para Deus. Isto significa que "a salvação humana consiste na sua ordenação ao último objetivo do universo".[20] A inclinação inata no indivíduo se articula no passar dos tempos exemplarmente em pessoas especiais e nos eleitos. Trata-se não apenas de pessoas singulares notáveis, mas também de coletivos, como demonstraria o exemplo de Israel. Consequentemente, Tomás de Aquino afirmou que "a eleição e o papel de Israel estão inextricavelmente enraizados na história de salvação".[21]

1.3. Relativizações do princípio *Extra Ecclesiam Nulla Salus* no passado mais recente

Durante séculos, os conceitos anteriormente resumidos permaneceram à sombra do lema *extra Ecclesiam nulla salus*. Isso valeu também para o princípio da *ignorância invencível*. A situação mudou com a promulgação da Encíclica *Singulari Quadam*, de Pio IX, em 1854. A carta se posicionou criticamente em relação à atitude racionalista do século XIX em geral e à hipótese, em particular, de que qualquer religião oferecia um caminho para a salvação eterna. Diante dessa posição bastante popular à época, Pio IX enfatizou: "Nossa fé demanda que mantenhamos a posição de que, fora da Igreja Apostólica Romana, nenhuma pessoa pode ser salva, ou seja, de que

---

[20] WRIGHT, John Hickey. *The Order of the Universe in the Theology of St. Thomas Aquinas.* Romae: Apud Aedes Universitatis Gregorianae, p. 55.

[21] BOGUSLAWSKI, Steven. *Thomas Aquinas on the Jews. Insights into His Commentary on Romans 9-11.* New York: Paulist Press, 2008, p. 37.

ela é a única arca de salvação". Logo depois, Pio IX demonstrou empatia para com o destino de não cristãos, afirmando: "Por outro lado, é necessário afirmar com segurança que, do ponto de vista de Deus, a ignorância da verdadeira religião, nos casos em que esta ignorância seja invencível, não é uma culpa [daquele indivíduo]". Segundo a Encíclica, não cabe ao ser humano julgar "os limites deste tipo de ignorância, levando em consideração as várias condições de povos, países, mentes e a multiplicidade infinita das coisas humanas?". Será uma tarefa de Deus responder a essa questão no Dia do Juízo. Todavia, enquanto estamos vivendo sob as condições mundanas, deveríamos insistir naquilo que a doutrina católica nos ensina, isto é: há apenas um Deus, uma fé, um batismo.

Na Encíclica *Quanto Conficiamur Moerore* de 1863, Pio IX não apenas retomou o assunto, mas avançou no que diz respeito à possibilidade de salvação fora da Igreja. A carta voltou a classificar como erro grave o relativismo da época na opinião generalizada de que a salvação era possível apesar de a pessoa viver em estado de erro e de alienação da verdadeira fé e da unidade católica. Ao mesmo tempo, não se deveria esquecer "aqueles que passam por dificuldades devido à ignorância sobre nossa religião santíssima", enquanto "observam sinceramente a lei natural e os preceitos inscritos por Deus em seus corações". A próxima afirmação qualifica a Encíclica de 1863 claramente como um progresso em comparação com a de 1854, tornando o documento *Quanto Conficiamur Moerore* fonte do primeiro reconhecimento explícito do magistério de que pessoas fora da Igreja visível poderiam ser salvas. A respeito de infiéis "involuntários", Pio IX admite que eles "estão prontos para obedecer a Deus, conduzir vidas honestas" e, por isso, "são capazes de atingir a vida eterna por meio da virtude eficaz da luz divina e graça". Isso seria possível porque "Deus sabe, indaga e entende claramente as mentes, corações, pensamentos e a natureza de tudo" e sob circunstância nenhuma permitiria que alguém que não comete deliberadamente um pecado sofresse punições eternas. Diante desse passo soteriológico decisivo, vale destacar que a Encíclica não abre mão da reivindicação da exclusividade salvífica da Igreja em relação a pessoas

A construção do diálogo

"teimosas", separadas da comunidade católica devido à sua ignorância vencível e que se opõem à autoridade e às declarações oficiais das autoridades eclesiásticas. Essa relativização da relativização foi ainda mais claramente formulada no *Syllabus Errorum*. Este anexo à Encíclica de Pio IX intitulada *Quanta Cura* (1864) traz uma lista de 80 afirmações julgadas incorretas e, portanto, incompatíveis com as doutrinas da Igreja Católica. Entre as assunções errôneas encontra-se a ideia de que "no culto de qualquer religião podem os homens achar o caminho da salvação eterna e alcançar a mesma eterna salvação". Em seguida, o documento reitera: "Pelo menos se deve esperar o bem da salvação eterna daqueles todos que não vivem na verdadeira Igreja de Cristo" (§ III, 16 e 17).

A Encíclica *Mystici Corporis*, promulgada por Pio XII em 1943, contém mais um sinal do abrandamento gradual da postura rigidamente exclusivista expressa no lema *extra Ecclesiam nulla salus*. O texto conta com a existência de seres humanos fora da comunidade socialmente manifesta da Igreja, movidos por uma ansiedade e um desejo inconsciente de fazer parte do "corpo místico" de Cristo. A Encíclica afirma a possibilidade de salvação dessas pessoas. Ao mesmo tempo, recorda a incerteza subjetiva desse grupo de indivíduos quanto à sua redenção, o que faz com que a Igreja, como instituição, seja tão importante. O trecho relevante da Encíclica afirma que:

> Os que não pertencem ao organismo visível da Igreja Católica [...] confiamo-los também, desde o princípio do nosso pontificado, à proteção e governo do alto, protestando solenemente que, a exemplo do bom pastor, tínhamos um só desejo: "que eles tenham vida e a tenham em abundância". Esta nossa solene declaração queremos reiterar, depois de pedirmos as orações de toda a Igreja nesta encíclica em que celebramos os louvores "do grande e glorioso corpo de Cristo", convidando a todos e a cada um com todo o amor da nossa alma, a que espontaneamente e de boa vontade cedam às íntimas inspirações da graça divina e procurem sair de um estado em que não podem estar seguros de sua eterna salvação, pois, embora por desejo e voto inconsciente,

estejam ordenados ao corpo místico do Redentor, carecem de tantas e tão grandes graças e auxílios que só na Igreja Católica podem encontrar.

Seis anos mais tarde, Pio XII reconfirmou essa postura em sua carta ao arcebispo de Boston, de 8 de agosto de 1949, com a qual reagiu à interpretação rigorista do lema *extra Ecclesiam nulla salus* por parte de membros do St. Benedict's Center e do Boston College. No texto, o papa enfatizou:

Para que alguém obtenha a salvação eterna não é sempre necessário que seja efetivamente incorporado à Igreja como membro, mas requerido é que lhe esteja unido por voto e desejo. Todavia, não é sempre necessário que esse voto seja explícito como "é aquele dos catecúmenos", mas, quando o homem é vítima de ignorância invencível, Deus aceita também o voto implícito, chamado assim porque incluído na boa disposição de alma pela qual essa pessoa quer conformar sua vontade à vontade de Deus.[22]

Uma recapitulação do raciocínio teológico elaborado antes do Concílio em prol da abertura da Igreja para a ideia da "presença operativa do mistério de Jesus Cristo como salvador universal"[23] não pode omitir a obra de Karl Rahner (1904-1984). Esse "grande advogado do inclusivismo católico romano"[24] abordou a problemática em uma série de textos publicados a partir de 1948, resultado de seus esforços de responder à questão relativa a como não cristãos enraizados em culturas "alheias" e comprometidos com suas crenças autóctones poderiam participar da salvação oferecida por Jesus Cristo.

---

[22] DENZINGER, op. cit., pp. 851-853, especialmente p. 852.

[23] MENDONSA, P. Peter. *Christian Witness in Interreligious Context. Approaches to Interreligious Dialogue.* (Tese de Doutorado em Teologia Católica). Alemanha: Universidade de Munique, 2006, p. 79.

[24] FREDERICKS, James Lee. *Faith among faiths: Christian Theology and non-Christian Religions.* Mahawah: Paulist Press, 1999, p. 24.

A construção do diálogo

Para Rahner, o Cristianismo é a religião definitiva para a humanidade e todos os seres humanos devem segui-la. Essa exigência, porém, só vale se o Evangelho for intensamente pregado dentro de um determinado contexto sócio-histórico, de modo que o conhecimento da mensagem de Cristo tenha se tornado uma constituinte inegável da cultural em questão. Uma vez que Rahner não oferece critérios para mensurar a intensidade necessária da influência do Evangelho sobre um determinado ambiente, pode-se afirmar apenas de maneira vaga que a sociedade em questão tem que ser tocada pelos ensinamentos do Cristianismo. Quando esse não é o caso, a conversão ao Evangelho e o Batismo não são opções realistas para os respectivos indivíduos. Diante da falta dessa oportunidade, as práticas religiosas do respectivo povo podem ser consideradas legítimas.

O raciocínio de Rahner sustenta essa abertura com o argumento de que Deus ofereceu aos seres humanos o dom de responder moralmente à vontade divina; ao mesmo tempo, à vontade divina da salvação universal que se manifesta, além do Cristianismo, em diversas outras tradições religiosas. O Cristianismo, portanto, não possui o monopólio de revelação de Deus no mundo. Em vez disso, o "Deus que ama sem limites [...] também criou o Islã e o Budismo". Isso significa que "o muçulmano e o hindu, o confucionista, o budista e os outros desfrutem de uma 'revelação supernatural' por meio da qual Deus pretendeu entrar na vida de um crente não cristão".[25] Essas revelações não chegam à plenitude do Evangelho, mas contêm, ao lado de elementos errôneos, muitos aspectos valiosos que promovem a vida dos seguidores. Princípios como a não violência e a compaixão, características do Jainismo e do Budismo, por exemplo, comprovam a presença da graça salvífica divina. Uma vez que um "pagão" determinado por circunstâncias antes especificadas é tocado, de uma maneira ou outra, pela graça divina, ele deve ser considerado um "cristão anônimo".

A Teologia do "Cristão Anônimo" de Rahner não torna a missão da Igreja obsoleta. O Cristianismo continua a ser a religião absoluta. Embora

---

[25] Ibid., p. 26.

a Igreja seja apenas um instrumento no plano universal da salvação, ela não deve ser subestimada. A comunidade cristã é a vanguarda histórica e a testemunha explícita do futuro Reino de Deus.

1.4. Nota intermediária

A síntese dos elementos de uma "Teologia das Religiões" pré-conciliar anteriormente apresentada foi incentivada pela necessidade de identificar os elementos constitutivos da redefinição da relação entre a Igreja Católica e as religiões não cristãs por meio da Declaração *Nostra Aetate*. Em termos da funcionalidade heurística deste resumo, no âmbito da presente obra, pode-se afirmar que os parágrafos anteriores

> tornaram visíveis as duas linhas da tradição norteadoras do tratamento de pessoas de fés diferentes pela Igreja Católica romana: por um lado, elas foram informadas de que o Cristianismo é a única verdadeira religião e a Igreja Católica é o único caminho para a salvação eterna; por outro lado, houve a tentativa de ajustar a transmissão do Evangelho [...] às culturas alheias e suas maneiras de pensar [...]. Entretanto, a tarefa de integrar estas duas linhas [...] foi reservada para o Vaticano II.[26]

2. Apreciação substancial da Declaração *Nostra Aetate*

O reconhecimento da contribuição da Declaração *Nostra Aetate* para a postura que norteia a Igreja Católica desde o Concílio Vaticano II diante do Judaísmo e do Islã requer uma apreciação adequada do conteúdo do texto em questão. Em prol do cumprimento dessa função, o texto – cuja versão em língua portuguesa é reproduzida a seguir – será submetido a três leituras complementares. O primeiro modo de análise relaciona as afirmações sobre o Judaísmo e o Islã na declaração *Nostra Aetate* com outros documentos conciliares tematicamente relevantes. Trata-se, portanto,

---

[26] LIENEMANN-PERRIN, Christine. *Mission und interreligiöser Dialog*. Göttingen, Vandenhoeck & Ruprecht, 1999, p. 66.

A construção do diálogo

de uma leitura "horizontal". Os dois passos seguintes representam duas modalidades de uma análise "vertical", a saber: uma leitura "sequencial" dos artigos da declaração na ordem dada, e uma leitura "piramidal" que divide a declaração em duas partes, cada uma com lógica implícita própria. A primeira progride do mais geral para o mais específico. A segunda é construída de maneira inversa.

2.1. Reprodução literal do documento

Sob o título "Declaração *Nostra Aetate* sobre a Igreja e as religiões não cristãs", o documento traz 5 tópicos cujos conteúdos são precedidos por um subtítulo próprio destacado em itálico:

Laços comuns da humanidade e inquietação religiosa do homem; a resposta das diversas religiões não cristãs e sua relação com a Igreja.

1. Hoje, que o gênero humano se torna cada vez mais unido, e aumentam as relações entre os vários povos, a Igreja considera mais atentamente qual a sua relação com as religiões não cristãs. E, na sua função de fomentar a união e a caridade entre os homens e até entre os povos, considera primeiramente tudo aquilo que os homens têm de comum e os leva à convivência. Com efeito, os homens constituem todos uma só comunidade; todos têm a mesma origem, pois foi Deus quem fez habitar em toda a terra o inteiro gênero humano; têm também todos um só fim último, Deus, que a todos estende a sua providência, seus testemunhos de bondade e seus desígnios de salvação até que os eleitos se reúnam na cidade santa, iluminada pela glória de Deus e onde todos os povos caminharão na sua luz. Os homens esperam das diversas religiões resposta para os enigmas da condição humana, os quais, hoje como ontem, profundamente preocupam seus corações: que é o homem? Qual o sentido e a finalidade da vida? Que é o pecado? Donde provém o sofrimento, e para que serve? qual o caminho para alcançar a felicidade verdadeira? Que é a morte, o juízo e a retribuição depois da morte? Finalmente, que mistério último e inefável envolve a nossa existência, do qual vimos e para onde vamos?

Hinduísmo e Budismo

2. Desde os tempos mais remotos até aos nossos dias, encontra-se nos diversos povos certa percepção daquela força oculta presente no curso das coisas e acontecimentos humanos; encontra-se por vezes até o conhecimento da divindade suprema ou mesmo de Deus Pai. Percepção e conhecimento esses que penetram as suas vidas de profundo sentido religioso. Por sua vez, as religiões ligadas ao progresso da cultura, procuram responder às mesmas questões com noções mais apuradas e uma linguagem mais elaborada. Assim, no Hinduísmo, os homens perscrutam o mistério divino e exprimem-no com a fecundidade inexaurível dos mitos e os esforços da penetração filosófica, buscando a libertação das angústias da nossa condição quer por meio de certas formas de ascetismo, quer por uma profunda meditação, quer, finalmente, pelo refúgio amoroso e confiante em Deus. No Budismo, segundo as suas várias formas, reconhece-se a radical insuficiência deste mundo mutável, e propõe-se o caminho pelo qual os homens, com espírito devoto e confiante, possam alcançar o estado de libertação perfeita ou atingir, pelos próprios esforços ou ajudados do alto, a suprema iluminação. De igual modo, as outras religiões que existem no mundo procuram de vários modos ir ao encontro das inquietações do coração humano, propondo caminhos, isto é, doutrinas e normas de vida e também ritos sagrados. A Igreja Católica nada rejeita do que nessas religiões existe de verdadeiro e santo. Olha com sincero respeito esses modos de agir e viver, esses preceitos e doutrinas que, embora se afastem em muitos pontos daqueles que ela própria segue e propõe, todavia, refletem não raramente um raio da verdade que ilumina todos os homens. No entanto, ela anuncia, e tem mesmo obrigação de anunciar incessantemente Cristo, "caminho, verdade e vida" (Jo 14,6), em quem os homens encontram a plenitude da vida religiosa e no qual Deus reconciliou consigo todas as coisas. Exorta, por isso, os seus filhos a que, com prudência e caridade, pelo diálogo e colaboração com os sequazes doutras religiões, dando testemunho da vida e fé cristãs, reconheçam, conservem e promovam os bens espirituais e morais e os valores socioculturais que entre eles se encontram.

A construção do diálogo

A religião do Islão

3. A Igreja olha também com estima para os muçulmanos. Adoram eles o Deus Único, vivo e subsistente, misericordioso e onipotente, criador do céu e da terra (5), que falou aos homens e a cujos decretos, mesmo ocultos, procuram submeter-se de todo o coração, como a Deus se submeteu Abraão, que a fé islâmica de bom grado evoca. Embora sem o reconhecerem como Deus, veneram Jesus como profeta, e honram Maria, sua mãe virginal, à qual por vezes invocam devotamente. Esperam pelo Dia do Juízo, no qual Deus remunerará todos os homens, uma vez ressuscitados. Têm, por isso, em apreço a vida moral e prestam culto a Deus, sobretudo com a oração, a esmola e o jejum. E se é verdade que, no decurso dos séculos, surgiram entre cristãos e muçulmanos não poucas discórdias e ódios, este sagrado Concílio exorta todos a que, esquecendo o passado, sinceramente se exercitem na compreensão mútua e juntos defendam e promovam a justiça social, os bens morais e a paz e liberdade para todos os homens.

A religião judaica

4. Sondando o mistério da Igreja, este sagrado Concílio recorda o vínculo com que o povo do Novo Testamento está espiritualmente ligado à descendência de Abraão. Com efeito, a Igreja de Cristo reconhece que os primórdios da sua fé e eleição já se encontram, segundo o mistério divino da salvação, nos patriarcas, em Moisés e nos profetas. Professa que todos os cristãos, filhos de Abraão segundo a fé, estão incluídos na vocação deste patriarca e que a salvação da Igreja foi misticamente prefigurada no êxodo do povo escolhido da terra da escravidão. A Igreja não pode, por isso, esquecer que foi por meio desse povo, com o qual Deus se dignou, na sua inefável misericórdia, estabelecer a antiga Aliança, que ela recebeu a revelação do Antigo Testamento e se alimenta da raiz da oliveira mansa, na qual foram enxertados os ramos da oliveira brava, os gentios. Com efeito, a Igreja acredita que Cristo, nossa paz, reconciliou pela cruz os judeus e os gentios, de ambos fazendo um só, em si mesmo. Também tem sempre diante dos olhos as palavras do Apóstolo Paulo a respeito dos seus compatriotas: "deles

é a adoção filial e a glória, a aliança e a legislação, o culto e as promessas; deles os patriarcas, e deles nasceu, segundo a carne, Cristo" (Romanos 9,4-5), filho da Virgem Maria. Recorda ainda a Igreja que os apóstolos, fundamentos e colunas da Igreja, nasceram do povo judaico, bem como muitos daqueles primeiros discípulos, que anunciaram ao mundo o Evangelho de Cristo. Segundo o testemunho da Sagrada Escritura, Jerusalém não conheceu o tempo em que foi visitada; e os judeus, em grande parte, não receberam o Evangelho; antes, não poucos se opuseram à sua difusão. No entanto, segundo o apóstolo, os judeus continuam ainda, por causa dos patriarcas, a ser muito amados de Deus, cujos dons e vocação não conhecem arrependimento. Com os profetas e o mesmo apóstolo, a Igreja espera por aquele dia, só de Deus conhecido, em que todos os povos invocarão a Deus com uma só voz e "o servirão debaixo dum mesmo jugo" (Sofonias 3,9). Sendo assim tão grande o patrimônio espiritual comum aos cristãos e aos judeus, este sagrado Concílio quer fomentar e recomendar entre eles o mútuo conhecimento e estima, os quais se alcançarão sobretudo por meio dos estudos bíblicos e teológicos e com os diálogos fraternos. Ainda que as autoridades dos judeus e os seus sequazes urgiram a condenação de Cristo à morte não se pode, todavia, imputar indistintamente a todos os judeus que então viviam, nem aos judeus do nosso tempo, o que na sua paixão se perpetrou. E embora a Igreja seja o novo povo de Deus, nem por isso os judeus devem ser apresentados como reprovados por Deus e malditos, como se tal coisa se concluísse da Sagrada Escritura. Procurem todos, por isso, evitar que, tanto na catequese como na pregação da Palavra de Deus, se ensine seja o que for que não esteja conforme com a verdade evangélica e com o espírito de Cristo. Além disso, a Igreja, que reprova quaisquer perseguições contra quaisquer homens, lembrada do seu comum patrimônio com os judeus, e levada não por razões políticas, mas pela religiosa caridade evangélica, deplora todos os ódios, perseguições e manifestações de antissemitismo, seja qual for o tempo em que isso sucedeu e seja quem for a pessoa que isso promoveu contra os judeus. De resto, como a Igreja sempre ensinou e ensina, Cristo sofreu, voluntariamente e com imenso amor, a sua paixão e morte, pelos pecados de todos os homens, para que todos alcancem a salvação. O dever da Igreja, ao

A construção do diálogo

pregar, é, portanto, anunciar a cruz de Cristo como sinal do amor universal de Deus e como fonte de toda a graça.

A fraternidade universal e a reprovação
de toda a discriminação racial ou religiosa

5. Não podemos, porém, invocar Deus como Pai comum de todos, se nos recusamos a tratar como irmãos alguns homens, criados à sua imagem. De tal maneira estão ligadas a relação do homem a Deus Pai e a sua relação aos outros homens seus irmãos, que a Escritura afirma: "quem não ama, não conhece a Deus" (1 João 4,8). Carece, portanto, de fundamento toda a teoria ou modo de proceder que introduza entre homem e homem ou entre povo e povo qualquer discriminação quanto à dignidade humana e aos direitos que dela derivam. A Igreja reprova, por isso, como contrária ao espírito de Cristo, toda e qualquer discriminação ou violência praticada por motivos de raça ou cor, condição ou religião. Consequentemente, o sagrado Concílio, seguindo os exemplos dos santos apóstolos Pedro e Paulo, pede ardentemente aos cristãos que, "observando uma boa conduta no meio dos homens" (1 Pedro 2,12), se possível, tenham paz com todos os homens (14), quanto deles depende, de modo que sejam na verdade filhos do Pai que está nos céus (15).

2.2. Leitura "horizontal" da Declaração

A expressão "leitura horizontal" alude ao fato de que a declaração *Nostra Aetate* é apenas um de 16 documentos promulgados pelo Concílio Vaticano II e de que o texto em questão deve boa parte de seu significado a outras fontes produzidas pela assembleia conciliar. Essa inter-relação hermenêutica tem a ver com o fato de que um Concílio é geralmente convocado para se posicionar decisivamente diante de problemas que desafiam a Igreja. O cumprimento dessa tarefa exige que os respectivos textos ofereçam raciocínios ausentes de contradições lógicas. Isso não apenas vale para cada documento promulgado, mas também para os documentos entre si.

Quanto maior o grau da congruência, menor a probabilidade de que, num momento futuro, os próprios textos conciliares se tornem fonte de potenciais tensões em torno de afirmações equivocadas.

A contextualização, dessa maneira, da Declaração *Nostra Aetate*, enriquece a leitura do documento de maneira tripla. A primeira função resulta de uma busca de citações referentes ao tema do diálogo entre a Igreja e outras religiões e culturas. Os relevantes trechos sensibilizam o leitor da *Nostra Aetate* para a transversalidade do assunto, mesmo que os parágrafos em questão não se preocupem com uma reflexão aprofundada sobre o tema do diálogo inter-religioso, mas que, de uma forma ou outra, o incluam na elaboração do seu foco temático específico. Trata-se aqui, sobretudo, da declaração sobre a liberdade religiosa, *Dignitatis Humanae*, do Decreto sobre a formação sacerdotal, *Optatam Totius*, do Decreto sobre o apostolado dos leigos, *Apostolicam Actuositatem*, e da Constituição conciliar sobre a sagrada liturgia, *Sacrosanctum Concilium*.

A segunda modalidade de leitura "horizontal" será feita a partir de elementos de outros textos conciliares que servem como referência teológica para a declaração sobre a Igreja e as religiões não cristãs. O documento mais relevante nesse contexto é a Constituição dogmática sobre a Igreja, *Lumen Gentium*, cujos respectivos trechos são complementados por afirmações encontradas na Constituição pastoral sobre a Igreja no mundo atual, *Gaudium et Spes*, e no Decreto sobre a atividade missionária da Igreja, *Ad Gentes*.

Há uma terceira vantagem de uma leitura "horizontal", isto é, o reconhecimento de que o Judaísmo e o Islã não são apenas mencionados na Declaração *Nostra Aetate*, mas também na Constituição dogmática *Lumen Gentium*. Um levantamento de trechos relevantes na constituição mostrar-se-á funcional para uma posterior análise mais especificamente direcionada à *Nostra Aetate*.

2.2.1. Trechos complementares à Declaração *Nostra Aetate* em outros documentos conciliares

Um diálogo entre religiões é promissor se seus participantes têm a garantia de que suas posições vão ser respeitadas e poderão ser abertamente articuladas em um ambiente livre de sanções. Do ponto de vista desse pré-requisito básico, não surpreende que a declaração sobre a liberdade religiosa, *Dignitatis Humanae*, promulgado em 7 de dezembro de 1965, contenha trechos que confirmam e complementam o raciocínio específico do documento *Nostra Aetate*. Isso já vale como ponto de partida da argumentação, isto é, a reivindicação de que, apesar do reconhecimento do valor nas ambições do interlocutor, a Igreja continua a desempenhar um papel salvífico especial para toda a humanidade. Nessa perspectiva constitutiva das duas declarações, o documento *Dignitatis Humanae* postula que "a única religião verdadeira se encontra na Igreja Católica e apostólica" e que "todos os homens têm o dever de buscar a verdade". Ao mesmo tempo, porém, o texto salienta a dignidade da pessoa humana e o fato de que "o exercício da religião, pela natureza desta, consiste primeiro que tudo em atos internos voluntários e livres". O mesmo vale para o diálogo "com os quais os homens dão a conhecer uns aos outros a verdade que encontraram ou julgam ter encontrado, a fim de se ajudarem mutuamente na inquirição da verdade". Para que essa busca tenha sucesso e contribua para o bem-estar da sociedade, é fundamental "que os diferentes grupos religiosos não sejam impedidos de dar a conhecer livremente a eficácia especial da própria doutrina para ordenar a sociedade e vivificar toda a atividade humana". Isso implica o direito de cada indivíduo de seguir "suas convicções religiosas" e de os diferentes grupos religiosos "se reunirem livremente ou estabelecerem associações educativas, culturais, caritativas e sociais". O horizonte maior dessas reivindicações reside no ideal de que

> todos os povos se unem cada vez mais, que os homens de diferentes culturas e religiões estabelecem entre si relações mais estreitas, que, finalmente, aumenta a consciência da responsabilidade própria de

> cada um. Por isso, para que se estabeleçam e consolidem as relações pacíficas e a concórdia no gênero humano, é necessário que em toda a parte a liberdade religiosa tenha uma eficaz tutela jurídica e que se respeitem os supremos deveres e direitos dos homens de praticarem livremente a religião na sociedade.

A liberdade religiosa e o respeito pela integridade de membros de outras religiões são condições principais para o desenvolvimento de ações conjuntas entre católicos e não católicos. Esse assunto é abordado no parágrafo sobre a "Cooperação com outros cristãos e não cristãos" do decreto sobre o apostolado dos leigos, *Apostolicam Actuositatem*, ratificado em 18 de novembro de 1965. O documento não apenas fala sobre a possibilidade de cooperação, mas exige que ela seja realizada em nível ou individual ou comunitário. As respectivas atividades devem ser desenvolvidas "tanto no plano nacional como no internacional", uma vez que "os valores humanos comuns pedem com frequência uma cooperação semelhante dos cristãos, que procuram fins apostólicos, com outros que, embora não professem a religião cristã, reconhecem, contudo, esses valores".

O respeito pelo "outro" é também tema de um parágrafo do decreto sobre o múnus pastoral dos bispos na Igreja, *Christus Dominus* (28 de outubro de 1965), que aborda a questão de como o Evangelho deve ser universalmente ensinado na atualidade. Nesse contexto, afirma o dever da Igreja de dialogar com a sociedade humana, na qual a respectiva comunidade católica se enquadra. Quando esses diálogos se direcionarem a pessoas de fora da Igreja, o texto recomenda que os católicos ajam "com grande delicadeza e caridade".

O decreto sobre a formação sacerdotal *Optatam Totius*, promulgado em 28 de outubro de 1965, afirma que um conhecimento das outras religiões deve ser sujeito das matérias a serem oferecidas para estudantes que buscam formar-se para a vida sacerdotal. Esse saber deve capacitar os estudantes a diferenciar nas outras religiões entre "o que de bom e de verdadeiro têm" e

A construção do diálogo

"os seus erros" em função de uma comunicação aperfeiçoada da "plena luz da verdade àqueles que não a têm".

Na constituição conciliar sobre a sagrada liturgia, *Sacrosanctum Concilium*, promulgada em 4 de dezembro de 1963, portanto bem antes da Declaração *Nostra Aetate*, encontra-se um parágrafo que reflete, do ponto de vista da liturgia, sobre a adaptação da Igreja às condições culturais encontradas por ela. O item em questão problematiza a nivelação das diferenças no mundo pela imposição rigorosa de uma única maneira de celebrar a vida cristã. Em vez disso, destaca a necessidade de "respeitar e procurar desenvolver as qualidades e dotes de espírito das várias raças e povos". Essa busca se norteia na abertura da Igreja para os costumes das diferentes comunidades católicas no mundo. Pode-se deduzir de uma leitura entre as linhas que se trata, também, de hábitos moldados no decorrer da história por influências não cristãs e que estes impactos seriam incluídos na afirmação do documento, de que a Igreja aceita quaisquer costumes locais, desde que não estejam "indissoluvelmente ligados a superstições e erros".

2.2.2. A sustentação teológica da Declaração *Nostra Aetate* por outros documentos conciliares

A segunda modalidade de uma leitura "horizontal" do documento *Nostra Aetate* reside na apreciação de raciocínios apresentados em outros textos conciliares que servem como uma sustentação teológica à Declaração sobre a Relação da Igreja e as Religiões Não Cristãs. Essa abordagem se justifica, em parte, pelas lacunas substanciais características de um texto tão curto e em termos de "peso" teológico reduzido como o da *Nostra Aetate*. Quanto ao último aspecto, deve-se lembrar dos diferentes degraus da autoridade dogmática atribuída aos diferentes tipos de documentos conciliares. Os 16 textos lançados no decorrer do Concílio cabem em 3 categorias formais. As 3 "declarações" (*Gravissimum Educationis, Dignitatis Humanae* e – em nosso contexto mais relevante – *Nostra Aetate*) são subordinadas à normatividade dos 9 decretos redigidos em função de afirmação de leis, normas ou decisões judiciais específicas (*Ad Gentes, Presbyterorum Ordinis, Apostolicam Actuositatem, Optatam Totius, Perfectae Caritatis, Christus Dominus, Unitatis Redintegratio, Orientalium Ecclesiarum* e *Inter Mirifica*). A maior autoridade é atribuída às 4 constituições (*Dei Verbum, Lumen Gentium, Sacrosanctum Concilium* e *Gaudium et Spes*) que trazem consequências doutrinárias ou disciplinares para os ensinamentos e a vida católica.

Tendo em vista a hierarquia supracitada, a leitura de uma "declaração" tem que ser complementada por documentos conciliares teologicamente mais profundos. Quanto à *Nostra Aetate*, o documento que chama mais atenção a respeito é a Constituição dogmática *Lumen Gentium*. Nesse sentido, é sintomático que a literatura secundária avalie *Nostra Aetate* como uma espécie de "apêndice" de *Lumen Gentium*. A dependência hermenêutica da primeira em relação à segunda é dada, também, pela sequência em que os dois documentos foram promulgados: *Lumen Gentium* foi promulgada em 21 de novembro de 1964, isto é, mais de 11 meses antes de *Nostra Aetate* (28 de outubro de 1965). Isso não invalida o impacto de outros documentos sobre a declaração em questão. Todos os textos conciliares passaram por um longo processo de redação e, devido à discussão progressiva sobre os esquemas, a assembleia, inclusive os comitês redacionais, acompanharam de perto a evolução da argumentação de cada documento.

Os trechos documentais funcionais para uma reflexão aprofundada da Declaração sobre a Igreja e as Religiões Não Cristãs podem ser entendidos como "pontes" entre as abordagens soteriológicas alternativas ao lema *extra Ecclesiam nulla salus*, por um lado, e a Teologia das Religiões implícita na Declaração *Nostra Aetate*, por outro. Em particular, a Constituição *Lumen Gentium* e os outros documentos conciliares relevantes nesse sentido apropriam-se de conceitos como o da graça divina que transcendem os limites da Igreja enquanto comunidade visível, de *Igreja ab Abel*, de *praeparatio evangelica*, de *semina verbi*, da *ignorância invencível* e de *ordinantur*.

A construção do diálogo

Um aspecto-chave nesse contexto é o oitavo item de *Lumen Gentium*, que se apropria da concepção da Igreja como *corpo místico* de Cristo. A expressão refere-se a um modelo eclesial alternativo ao conceito de Igreja, enquanto *societas perfecta* que enfatiza a dimensão institucional mais santa e superior a qualquer outra formação social encontrável na terra. Esse modelo, confirmado pelo Concílio Vaticano I, chamou crescente atenção de diversos teólogos dos séculos XIX e XX e gerou uma onda de publicações nas décadas de 1920 e 1930. Seu impacto tornou-se visível na Encíclica homonômica *Mystici Corporis* (29 de junho de 1943), em que Pio XII apropria-se da ideia consciente de que a última já foi "usada [...] por vários escritores antigos". Aludindo às respectivas abordagens da época patrística, o papa afirmou que a Igreja sociologicamente manifesta dá visibilidade ao *Logos*, assemelhando-se, portanto, ao *Verbo encarnado*. Isso faz com que a Igreja seja maior do que a "sociedade organizada hierarquicamente". A última estabelece, junto com o "corpo místico de Cristo" enquanto "comunidade espiritual", uma "realidade complexa".

O artigo 61 da Encíclica *Mystici Corporis* afirma: "que a Igreja, sociedade perfeita no seu gênero, não consta só de elementos sociais e jurídicos. Ela é muito mais excelente que quaisquer outras sociedades humanas às quais excede quanto a graça supera a natureza".

Devido à sua abrangência ilimitada em termos terrestres, a Igreja, enquanto *corpo místico,* se expande a seguidores de outras religiões, o que, por sua vez, justifica o postulado de que "há elementos de santificação e verdade fora da Igreja" no sentido da organização eclesial.

O trecho decisivo de *Lumen Gentium* é o seguinte:

> Esta Igreja, constituída e organizada neste mundo como sociedade, subsiste na Igreja Católica, governada pelo sucessor de Pedro e pelos bispos em união com ele, embora, fora da sua comunidade, se encontrem muitos elementos de santificação e de verdade, os quais, por serem dons pertencentes à Igreja de Cristo, impelem para a unidade católica.

Na versão em latim, o parágrafo citado começa com a frase *"Haec Ecclesia, in hoc mundo ut societas constituta et ordinata, subsistit in Ecclesia catholica"*. Merece atenção especial o verbo *subsistere*, que pode ser traduzido como "existir em sua substância", "continuar a ser" ou "permanecer". A expressão implica, portanto, que Igreja visível é uma "cristalização" da Igreja enquanto realidade espiritual que transcende os limites da comunidade católica como organização humana e abrange seres humanos que apenas do ponto de vista superficial estão "fora da Igreja". O quão importante esse conceito é para os redatores de *Lumen Gentium* fica salientado pelo fato de que a ideia já se encontra no primeiro parágrafo da constituição, em que se afirma que Igreja não é idêntica a um sacramento, mas um "sinal [...] da íntima união com Deus e da unidade de todo o gênero humano". A Igreja em sentido profundo, portanto, não é demarcada por fronteiras definitivas entre ela e o "resto da humanidade". Em outras palavras:

> A Igreja como entidade histórica atua, depois da sua fundação, como sinal visível e instrumento no mundo até o fim dos séculos. Ela que tem sua origem em Deus, realiza sua tarefa na história humana por funcionar como lugar, em que o Reino de Deus se dá para todos os seres humanos "ab Abel".[27]

Isso significa que a Igreja é "apenas" especial porque cumpre por excelência a providência divina concedida no início dos tempos no sentido da culminação da história de salvação continuamente guiada por Deus, cuja graça – seguindo o artigo 22 da Constituição pastoral *Gaudium et Spes* – opera de maneira oculta nos corações de "todos os homens de boa vontade".

Conforme o quarto artigo do decreto sobre a atividade missionária da Igreja, *Ad Gentes*, promulgado em 7 de dezembro de 1965, essa atuação sútil tem se realizado "no interior das almas [...] já [...] antes de Cristo ser

---

[27] LEE, Kyou Sung. *Konziliäre und päpstliche Beiträge zum interreligiösen Dialog im 20.Jahrhundert*. Frankfurt: Books on Demand, 2003, pp. 48-49.

A construção do diálogo

glorificado". Mais adiante (artigo 11), o decreto apropria-se do conceito de *semina verbi* e exige que as testemunhas de Cristo, diante de não cristãos, tenham um conhecimento das tradições nacionais e religiosas alheias para que "*façam assomar à luz, com alegria e respeito*, as sementes do Verbo [...] *adormecidas*" nos integrantes daquelas culturas.

Os não cristãos encontrados nessas culturas podem ser considerados justos desde que não ajam contra sua própria constituição humana. Isso significa, de acordo com o artigo 16 da Constituição pastoral *Gaudium et Spes*, que

> no fundo da própria consciência, o homem descobre uma lei que não se impôs a si mesmo, mas à qual deve obedecer; essa voz, que sempre o está a chamar ao amor do bem e fuga do mal, soa no momento oportuno, na intimidade do seu coração: faze isto, evita aquilo. O homem tem no coração uma lei escrita pelo próprio Deus; a sua dignidade está em obedecer-lhe, e por ela é que será julgado.

O cumprimento da lei, portanto, não exige que o indivíduo esteja consciente da origem divina da orientação no seu interior e – de acordo com o princípio da *ignorância invencível* – este desconhecimento não exclui o sujeito necessariamente da oferta de salvação. O artigo 16 da Constituição *Lumen Gentium* reforça essa ideia em três momentos. O primeiro trecho relevante afirma que Deus não "está longe daqueles que buscam, na sombra e em imagens, o Deus que ainda desconhecem". Logo depois, o texto prevê que "aqueles que, ignorando sem culpa o Evangelho de Cristo [...] podem alcançar a salvação eterna". Mais adiante é dito que: "Nem a divina Providência nega os auxílios necessários à salvação àqueles que, sem culpa, não chegaram ainda ao conhecimento explícito de Deus e se esforçam, não sem o auxílio da graça, por levar uma vida reta".

Segundo o artigo 17, o "auxílio de graça" pode ser identificado não apenas "no coração e no espírito dos homens", mas também nos ritos e culturas próprios de cada povo. Por isso, valeria para a divulgação do Evangelho no mundo que o patrimônio de povos não cristãos não deve ser descartado, mas, sim, "elevado e aperfeiçoado, para a glória de Deus".

A exigência de elevação e aperfeiçoamento daquilo que é bom e verdadeiro no mundo tem sua base no reconhecimento de que as religiões não cristãs podem servir como uma preparação para a recepção da mensagem de Jesus. Trata-se do conceito paradigmaticamente expresso pelo título da obra magna de Eusébio, *Praeparatio Evangelica*. O conceito é literalmente citado por dois textos conciliares. Uma fonte é o terceiro artigo do Decreto *Ad Gentes*, que afirma que os inúmeros esforços para chegar perto de Deus, manifestados de "mil maneiras" em outras culturas, podem "algumas vezes ser considerados como pedagogia ou preparação evangélica para o Deus verdadeiro". Semelhantemente, o artigo 16 de *Lumen Gentium* diz que aquilo que é "bom e verdadeiro" nas religiões não cristãs é considerado pela Igreja como "preparação para receberem o Evangelho, dado por aquele que ilumina todos os homens, para que possuam finalmente a vida". Por meio dessa preparação, realiza-se o destino da humanidade parafraseado no conceito de *ordinantur* postulado por Tomás de Aquino.

O princípio soteriológico é retomado pelo artigo 16 de *Lumen Gentium*, cujo original em latim começa com as palavras "*Ii tandem qui Evangelium nondum acceperunt, ad Populum Dei diversis rationibus ordinantur*". Na tradução portuguesa, lê-se: "Finalmente, aqueles que ainda não receberam o Evangelho estão de uma forma ou outra orientados para o povo de Deus".

2.2.3. Judaísmo e Islã como tema transversal de *Lumen Gentium* e *Nostra Aetate*

O documento *Lumen Gentium* é o segundo dos dois documentos conciliares que contêm posicionamentos explícitos da Igreja diante do Judaísmo e do Islã. As referências da constituição às religiões monoteístas são sucintas e – como já foi indicado – revelam seu sentido, uma vez que são lidas no horizonte das afirmações mais gerais de *Lumen Gentium* (e de outros documentos conciliares) sobre o potencial salvífico e o destino dos não cristãos.

A construção do diálogo

Um componente dessa teologia de fundo, isto é, a ideia da Igreja como *Corpo Místico de Cristo*, também já foi especificado anteriormente. Além dessa doutrina, há outra categoria paradigmática nas discussões conciliares sobre o tema: a ideia da Igreja como *povo de Deus*. A importância do conceito para os autores de *Lumen Gentium* é salientada pelo título homonômico do Capítulo III (artigos 9-17), isto é, o trecho da constituição que inclui também os comentários sobre o Judaísmo e o Islã. Tal capítulo estende a recorrente ideia do povo de Deus guiado por Cristo e visível na unidade católica, e apresenta este povo como sujeito atuante na história que se relaciona com as outras partes da humanidade em níveis de proximidade dependendo da "potencialidade" (expressão sugerida por Tomás de Aquino) ou "intensidade" com a qual estas são direcionadas à união com Cristo, o Deus.

Do ponto de vista dos integrantes plenos do povo de Deus, ou seja, dos católicos que possuem o espírito de Cristo e aceitam na íntegra a estrutura da Igreja hierarquicamente manifesta, esse relacionamento difere categoricamente em dois graus, tratados nos artigos 15 e 16 da Constituição *Lumen Gentium*. O primeiro trata dos *vínculos da Igreja com os cristãos não católicos*, ou seja, com catecúmenos movidos pelo espírito e marcados pelo desejo explícito de fazer parte da Igreja e cristãos batizados que não professam "integralmente a fé" ou não guardam "a unidade de comunhão com o sucessor de Pedro". O artigo 16 aborda a *relação da Igreja com os não cristãos*, isto é, em termos da primeira frase do artigo 16, com "aqueles que ainda não receberam o Evangelho" e que "estão de uma forma ou outra orientados para o povo de Deus".

Essa caracterização vale para duas subcategorias, a saber: a) os judeus e muçulmanos; e b) os seguidores de outras religiões "que buscam, na sombra e em imagens, o Deus que ainda desconhecem". Com essa distinção, a constituição dogmática atribui ao Judaísmo e ao Islã um "teísmo genuíno".[28] Apesar de esse elemento ser comum nas duas religiões monoteístas,

---

[28] D'COSTA, Gavin. Catholicism and the World Religions: A Theological and Phenomenological Account. In: D'COSTA, Gavin (org.). *The Catholic Church and the World Religions. A Theological and Phenomenological Account*. London: T&T Clark, 2011, pp. 01-33, especialmente pp. 15-17.

há uma diferença qualitativa entre elas já indicada pela sequência em que o artigo 16 as tematiza. Por abordar "em primeiro lugar, aquele povo que recebeu a aliança e as promessas, e do qual nasceu Cristo segundo a carne", o texto deixa claro que a Igreja reconhece uma relação *sui generis* com o povo judeu.[29] A citação já evidencia dois elementos que justificam essa vinculação especial: a grande estima corresponde ao favorecimento que Israel tem desfrutado por Deus e a origem biográfica de Jesus. Ambos os aspectos são sustentados pela evocação do trecho da epístola de Paulo aos romanos que fala dos "israelitas, aos quais pertencem a adoção filial, a glória, as alianças, a legislação, o culto, as promessas, aos quais pertencem os patriarcas, e dos quais descende o Cristo, segundo a carne, que está acima de tudo" (Romanos 9,4-5).

O terceiro aspecto é indicado pela parte final da frase do artigo 16, dedicada aos judeus, afirmando que se trata de um "povo que segundo a eleição é muito amado, por causa dos patriarcas, já que os dons e o chamamento de Deus são irrevogáveis". De novo, os redatores de *Lumen Gentium* referem-se à epístola aos romanos, desta vez fazendo destacaque em relação aos judeus: "Quanto ao Evangelho, eles são inimigos por vossa causa; mas quanto à Eleição, eles são amados, por causa de seus pais. Porque os dons e a vocação de Deus são sem arrependimento" (Romanos 11,28-29).

Com essas palavras, o artigo 16 da *Lumen Gentium* substitui a perspectiva unilateralmente negativa dos judeus recorrente na história do Cristianismo por uma avaliação positiva, que afirma a validade incessante da Antiga Aliança oferecida por Deus ao povo de Israel, a despeito da vinda de Cristo. Em outras palavras:

> A Igreja se vê como o "novo povo de Deus", porém, de uma maneira que não anula a primeira Aliança dada a Israel. Israel continua a ser o povo de Deus. Deus não expulsou Israel. A vocação do povo judeu como de Deus é contínua, irrevogável, indestrutível: os judeus perma-

---

[29] Ibid.

A construção do diálogo

necem o povo eleito e amado por Deus. A nova situação da Igreja não destrói a antiga.[30]

Essa asserção é confirmada por outros trechos da constituição, alguns dos quais complementam o raciocínio pelo conceito de *preparatio evangelica*.

O velho preconceito de uma ruptura total entre a Antiga e a Nova Aliança é rejeitado pelo sexto artigo de *Lumen Gentium*, que simboliza a Igreja como o "campo de Deus" cultivado por Deus, o "celeste agricultor". Afirma que tal terreno fecundo é hábitat tanto da "oliveira antiga de que os patriarcas foram a raiz santa" quanto da "verdadeira videira" que simboliza Cristo.

O artigo segundo de *Lumen Gentium* afirma o necessário papel construtivo do Judaísmo para a chamada de Deus para a "santa Igreja", que foi "prefigurada já desde o princípio do mundo e admiravelmente preparada na história do povo de Israel e na Antiga Aliança".

Analogamente, o artigo 9º assegura que a "nação israelita" foi escolhida por Deus como contrapartida de "uma aliança" para que ela fosse "gradualmente" instruída. Mais adiante, informa: "Todas estas coisas aconteceram como preparação e figura da nova e perfeita Aliança que em Cristo havia de ser estabelecida e da revelação mais completa que seria transmitida pelo próprio Verbo de Deus feito carne".

A terceira frase do artigo 16 de *Lumen Gentium* (na versão original em latim composta de apenas 28 palavras) refere-se aos muçulmanos. Ela salienta 4 características que os muçulmanos atribuem a Deus e que correspondem à crença dos cristãos: o Deus *único* e *misericordioso* é o *criador* do mundo que, em sua função como juiz, determinará no fim dos tempos o destino de cada indivíduo. Além disso, o trecho menciona a reivindicação

---

[30] FAHEY, Michael. Church. In: SCHÜSSLER, Francis Fiorenza; GALVIN, John P. (org.). *Systematic Theology: Roman Catholic Perspectives*. Minneapolis: Fortress Press, 2011, pp. 315-373, especialmente p. 342.

dos muçulmanos de que sua fé é idêntica à de Abraão. Não se trata de uma confirmação de um fato histórico, mas sim de uma manifestação do respeito dos padres conciliares pela convicção subjetiva dos muçulmanos. O trecho na íntegra é reproduzido a seguir: "Mas o desígnio da salvação estende-se também àqueles que reconhecem o Criador, entre os quais vêm em primeiro lugar os muçulmanos, que professam seguir a fé de Abraão, e conosco adoram o Deus único e misericordioso, que há de julgar os homens no último dia".

Segundo Robert Caspar (1923-2007) e George Anawati (1905-1994), ambos integrantes da equipe de redação responsável pela formulação dos trechos sobre o Islã tanto na Constituição dogmática *Lumen Gentium* quanto na Declaração *Nostra Aetate*, o posicionamento da Igreja expresso na frase supracitada representa uma mudança radical na atitude católica diante dos muçulmanos. A última encerrou as épocas de condenação do Islã enquanto religião inválida, fundada por um profeta falso, transmitida por um livro supostamente sagrado que, de fato, representaria uma coletânea de erros e distorções de verdades bíblicas.

Basta relembrar que o avanço inegável relativo à relação da Igreja com as outras religiões monoteístas manifestado nos trechos anteriormente apresentados é condicionado pelo autorreconhecimento da Igreja como instância privilegiada da salvação. Essa ideia do papel salvífico predestinado repercute em duas expressões da primeira frase do artigo 16 de *Lumen Gentium* em latim, em que se lê: "*Ii tandem qui Evangelium nondum acceperunt, ad Populum Dei diversis rationibus ordinantur*". Trata-se dos termos "*nondum*" e "*ordinantur*", que se aplicam a todas as religiões não cristãs, inclusive o Judaísmo e o Islã. Todas elas representam aspirações espirituais que "ainda não" (*nondum*) aceitaram o Evangelho, mas têm potencialidade de fazê-lo num momento vindouro. Essa esperança é reforçada pela expressão "*ordinantur*", que alude tanto à inclinação inata do ser humano para Deus quanto à disposição do indivíduo de se tornar integrante do povo de Deus.

A construção do diálogo

Tendo tudo isto em mente, pode-se dizer o seguinte: as decisões dogmáticas tomadas pelo Concílio nesse sentido romperam com o *modelo de substituição* baseado na convicção de que nenhuma outra religião oferece um caminho válido para a salvação e, portanto, a Igreja deve ser adotada pelos seguidores desses sistemas errôneos. Em vez dessa posição implícita no lema *extra Ecclesiam nulla salus* e no conceito da Igreja enquanto *sociedade perfeita*, os padres conciliares optaram pelo *modelo da satisfação*,[31] cujo argumento-chave reside no postulado de que a graça divina está ativa em todas as religiões e de que o amor de Deus e sua presença salvífica transcendem os muros da Igreja. Esse paradigma, portanto, admite que outras religiões compartilhem, pelo menos de maneira parcial, a revelação. Ao mesmo tempo, o Concílio não abriu mão da reivindicação de superioridade do Cristianismo. Em vez disso, insistiu na exclusividade da salvação em Cristo e no fato de que apenas este caminho seria capaz de satisfazer as aspirações religiosas últimas.

2.3. Leitura "vertical sequencial" da declaração

A expressão "leitura 'vertical sequencial'" refere-se à maneira convencional de abordagem de um texto, isto é, familiarizar-se incialmente com seu primeiro parágrafo para depois progredir, passo ao passo, para os itens seguintes. No caso da Declaração *Nostra Aetate*, o leitor encontra 5 artigos estruturados de acordo com uma lógica específica que reflete as intenções subjacentes de seus redatores.

O primeiro item tem o caráter de um preâmbulo e contextualiza o discurso oferecido no decorrer dos parágrafos seguintes. Essa "introdução" caracteriza, de maneira sucinta, a atual situação da humanidade e estabelece o quadro teológico-sistemático dentro do qual a posição da Igreja diante de outras religiões é elaborada. O fato de os autores da declaração sentirem-se obrigados a "anunciar incessantemente Cristo, 'caminho, verdade e vida' (João 14,6), em quem os homens encontram a plenitude da

---

[31] KNITTER, Paul F. *Introdução às teologias das religiões*. São Paulo: Paulinas, 2008.

vida religiosa e no qual Deus reconciliou consigo todas as coisas" indica a validade do modelo de satisfação resumido no item anterior, referente ao artigo 16 da Constituição dogmática *Lumen Gentium*.

Correspondente a esse modelo, o preâmbulo anuncia uma ruptura com a antiga dicotomia entre "dentro" e "fora" da comunidade católica, negando a separação entre os salvos e os eternamente "perdidos". Em outras palavras: não existem duas categorias de seres humanos. Em vez disso, *os homens constituem, todos, uma só comunidade*. Essa unidade existe não apenas porque todos os seus integrantes foram criados por Deus. Eles também têm Deus como "fim último" e são beneficiados pela providência divina. Em outras palavras: "Todos os seres humanos estão incluídos na graça e providência de Deus".[32]

Essa afirmação é reforçada pela referência a 1 Timóteo 2,4, que afirma que Deus "quer que todos os homens sejam salvos". É essa providência divina que ilumina os diferentes caminhos dos seres humanos e garante que as buscas naturais para respostas às grandes questões existenciais universalmente compartilhadas sejam atendidas à medida que a sabedoria plena apenas acessível em Cristo repercute nos respectivos sistemas religiosos. Com esse raciocínio, o documento supera o particularismo unilateral predominante no discurso oficial da antiga Igreja durante séculos.

Os 3 itens que se seguem ao preâmbulo concretizam os axiomas do último e mantêm sua oscilação argumentativa entre a afirmação do status especial da Igreja e sua abertura para o "outro". A organização dos parágrafos 2-4 norteia-se na ideia de que os diferentes grupos da humanidade se relacionam com a Igreja de acordo com o princípio de "participação gradual na Igreja".[33] Vale lembrar que o mesmo paradigma foi decisivo para

---

[32] SIEBENROCK, Roman A. Theologischer Kommentar zur Erklärung über die Haltung der Kirche zu den nicht christlichen Religionen. Nostra Aetate. In: HÜNERMANN, Peter; HILBERATH, Bernd Jochen (org.). *Herders Theologischer Kommentar zum Zweiten Vatikanischen Konzil*. Freiburg i.Brsg. Herder, 2005, pp. 595-693, especialmente p. 650.

[33] TÜCK, Jan-Heiner. Extra ecclesiam nulla salus. Das Modell der gestuften Kirchenzugehörigkeit und seine dialogischen Potentiale. In: TÜCK, Jan-Heiner (org.). *Erinnerung an die Zukunft: Das Zweite Vatikanische Konzil*. Freiburg: Herder, 2013, pp. 262-290.

A construção do diálogo

a posição da Igreja no mundo abordada por Paulo VI na sua já citada[34] Encíclica *Ecclesiam Suam*, lançada em 6 de agosto de 1964. Nessa carta, o papa localizou a Igreja no centro de 3 círculos de diferentes diâmetros concentricamente arranjados ao redor do ponto médio. O terceiro e mais abrangente horizonte representa a humanidade na sua totalidade. O anel com as extensões mais próximas do centro alude às outras igrejas cristãs, classificadas como "irmãos separados". Imediatamente relevante para nossos fins é o segundo círculo, cujos contornos estão a meia distância em relação ao centro. Trata-se do círculo que abrange as religiões não cristãs, sujeito principal da *Nostra Aetate*.

Todavia, há uma diferença redacional que diferencia os dois textos. Em comparação com a Encíclica *Ecclesiam Suam*, a declaração conciliar aborda as religiões não cristãs na sequência inversa. A mesma observação pode ser feita em relação à *Lumen Gentium*, cujo raciocínio a respeito de crentes não católicos segue a estrutura de *Ecclesiam Suam*. Enquanto os respectivos trechos, tanto da carta de Paulo VI quanto da constituição dogmática, tematizam como grupo não cristão mais próximo da Igreja "o povo hebraico", a declaração reflete sobre este assunto mais adiante, isto é, no seu quarto parágrafo. A religião monoteísta muçulmana, segundo item do trecho relevante da Encíclica e de *Lumen Gentium*, é abordada no terceiro parágrafo de *Nostra Aetate*, portanto, antes das afirmações relativas aos judeus. Como terceiro aspecto, a carta de Paulo VI e a *Lumen Gentium* (porém, sem citar explicitamente nenhuma tradição religiosa pelo nome) mencionam os adeptos das grandes religiões afroasiáticas, que incluem o Hinduísmo e o Budismo, aos quais o segundo item da declaração se refere.

Independente da opção por uma maneira específica de ordenar as diferentes religiões não cristãs (do mais próximo para o mais afastado ou vice-versa), foi a intenção dos autores dos 3 documentos supracitados apontar tanto para as diferenças qualitativas entre elas quanto para o grau de proximidade que cada uma possui em relação à Igreja Católica. No caso da

---

[34] Veja item II.5 deste trabalho.

Nostra Aetate, essa hierarquia é indicada por outro elemento textual, isto é, a extensão crescente dos parágrafos em que as respectivas religiões são abordadas. Essas diferentes proporções são indicativas de um documento que quer promover o diálogo e se sente obrigado a calar sobre elementos da religião do interlocutor polêmicos do ponto de vista católico. Nesse sentido, vale afirmar que, quanto menor o "volume" de um item, menos convergência doutrinária terá sido constatada entre as doutrinas e práticas do "outro" e as da Igreja.

Não surpreende, portanto, que, em comparação com os trechos dedicados às religiões monoteístas, os parágrafos sobre o Hinduísmo e o Budismo são os mais sucintos. Na versão original do documento em latim, apenas 41 palavras, isto é, cerca de 3,5% do texto integral (de 1.201 palavras), se destinam ao Hinduísmo. O último é reduzido a aspectos compatíveis com a fé católica, destacando a perscrutação dos seus adeptos do mistério divino, a riqueza dos seus mitos, os "esforços da penetração filosófica" em prol da busca pela "libertação das angústias da nossa condição quer por meio de certas formas de ascetismo, quer por uma profunda meditação, quer, finalmente, pelo refúgio amoroso e confiante em Deus".

Elementos desfavoráveis, como, por exemplo, tendências politeístas ou o sistema de castas, são propositalmente omitidos.

Algo semelhante vale para o trecho sobre o Budismo, composto por apenas 39 palavras (3,25% do documento na sua totalidade). Em um parágrafo quantitativamente tão reduzido, cabem apenas informações básicas sobre essa religião mundial que,

> segundo as suas várias formas, reconhece-se a radical insuficiência deste mundo mutável, e propõe-se o caminho pelo qual os homens, com espírito devoto e confiante, possam alcançar o estado de libertação perfeita ou atingir, pelos próprios esforços ou ajudados do alto, a suprema iluminação.

O peso relativamente maior do terceiro parágrafo (133 palavras, que representam cerca de 11% da extensão da declaração) reflete a maior justaposição entre a Igreja Católica e a fé dos muçulmanos. Isto já se explica

A construção do diálogo

pelo monoteísmo compartilhado, cuja apreciação transcende o "respeito sincero" de algo "verdadeiro e santo" presente nas religiões mencionadas no segundo parágrafo, cujos "preceitos e doutrinas", embora reflitam "não raramente um raio da verdade", são, em "muitos pontos", discrepantes dos ensinamentos e práticas do Catolicismo.

O maior espaço concedido ao Islã em comparação com o trecho análogo de *Lumen gentium* faz com que a *Nostra Aetate* seja o documento conciliar com a cobertura mais detalhada do assunto. Além dos aspectos compatíveis com o Cristianismo mencionados na constituição dogmática (Deus único e misericordioso; criador do universo; Dia de Juízo; Abraão), a declaração traz três aspectos convergentes adicionais. Primeiro, considera positivo o fato de que os muçulmanos "veneram Jesus como profeta, e honram Maria, sua mãe virginal"; segundo, aprova certas crenças e práticas também comuns entre cristãos, isto é, "a oração, a esmola e o jejum"; terceiro, o texto recorda as hostilidades entre as duas religiões no passado e afirma a intenção de se esforçar para superar estas fases históricas por meio de uma "compreensão mútua" e a colaboração em prol da "justiça social", dos "bens morais", "da paz" e da "liberdade para todos os homens".

Apesar da inclusão desses elementos adicionais, é óbvio que a artigo não dá conta da complexidade da religião em questão. Em vez disso, refere-se de maneira geral ao Islã, como se se tratasse de uma religião monolítica. Não se encontra, por exemplo, nenhuma alusão às suas divergências em diferentes partes do mundo ou informações sobre as diferenças entre sunitas e xiitas. Para não gerar polêmicas, há diversos outros aspectos sobre os quais a declaração mantém silêncio. Um deles é o Corão, outro é Mohamed. O mesmo vale para dois dos cinco "pilares" do Islã. A *Nostra Aetate* cita apenas três, negligenciando o "testemunho de fé" (que contém a afirmação de que Mohamed é o Profeta de Allah) e a peregrinação para Meca (cidade natal de Mohamed).

A maneira privilegiada com que a religião judaica é tratada no âmbito de *Nostra Aetate* indica que ela – para citar a Comissão para as Relações

Religiosas com o Judaísmo do Conselho Pontifício para a Promoção da Unidade dos Cristãos – "não é algo 'externo', mas pertence de certa maneira ao 'interior' da nossa religião. Com ela, temos relação como com nenhuma outra religião".[35]

Com 426 palavras, o que corresponde a mais de um terço da extensão do documento, o respectivo trecho da declaração (artigo 4º) se destaca diante dos outros. "O volume indica que essa parte é o cerne da inteira declaração."[36] É claro que o grau de detalhamento do respectivo parágrafo vai muito além do comentário curto encontrado na Constituição dogmática *Lumen Gentium*.

Como no caso do trecho sobre o Islã, a declaração desdobra os aspectos já formulados na constituição dogmática. A primeira frase do quarto artigo da declaração assegura a íntima relação entre as duas religiões: "o vínculo com que o povo do Novo Testamento está espiritualmente ligado à descendência de Abraão". A escolha das palavras é relevante. Confirma um *vínculo*, o que distingue esta formulação com a análoga no parágrafo sobre o Islã, que evita uma constatação inequívoca dos laços reais entre os seguidores do Islã e o patriarca bíblico, contentando-se com uma alusão ao caráter modelar da obediência de Abrão a Deus, prestigiado pelos muçulmanos. A seguir, é de novo afirmado que a Igreja reconhece "os primórdios da sua fé e eleição" em forma da Antiga Aliança, bem como a importância da história de Israel para a prefiguração mística da Nova Aliança e da Igreja. Também é repetida a lembrança da origem judaica de Jesus. Diferentemente de *Lumen Gentium*, encontra-se a afirmação adicional de que tanto a Virgem Maria quanto os apóstolos eram integrantes do povo de Israel. O fato de que "os judeus, em grande parte, não receberam o

---

[35] VATIKANISCHE KOMMISSION FÜR DIE RELIGIÖSEN BEZIEHUNGEN ZUM JUDENTUM IM SEKRETARIAT FÜR DIE EINHEIT DER CHRISTEN. *Hinweise für eine richtige Darstellung von Juden und Judentum in der Predigt und in der Katechese der katholischen Kirche*. Bonn: Sekretariat der Deutschen Bischofskonferenz, 1985, p. 08.

[36] PESCH, Otto Hermann. *Das Zweite Vatikanische Konzil. Vorgeschichte – Verlauf – Ergebnisse – Nachgeschichte*. Würzburg: Echter, 1993, p. 305.

A construção do diálogo **147**

Evangelho" e "não poucos se opuseram à sua difusão" não afeta negativamente a apreciação do Judaísmo, cujos integrantes continuam a ser "muito amados de Deus, cujos dons e vocação não conhecem arrependimento". A curta passagem na Constituição dogmática é também superada pela frase da *Nostra Aetate*, que confirma que ambas as religiões compartilham um "grande patrimônio espiritual" comum.

Altamente significativo é o parágrafo seguinte, que implica a rejeição da acusação coletiva do deicídio. O respectivo trecho diz: "Ainda que as autoridades dos judeus e os seus sequazes urgiram a condenação de Cristo à morte não se pode, todavia, imputar indistintamente a todos os judeus que então viviam, nem aos judeus do nosso tempo, o que na sua paixão se perpetrou".

O quarto artigo de *Nostra Aetate* não se limita a uma descrição e apreciação dos fortes laços entre o povo judeu e a Igreja. Como no caso do Islã, porém, dessa vez mais detalhado e concreto, compromete-se com consequências a serem tomadas diante do passado problemático. Nesse sentido, o documento endossa que a Igreja "deplora todos os ódios, perseguições e manifestações de antissemitismo, seja qual for o tempo em que isso sucedeu e seja quem for a pessoa que isso promoveu contra os judeus". Para esses fins, o documento chama atenção para a função da "catequese", da "pregação" de "estudos bíblicos e teológicos", bem como de "diálogos fraternos" em prol do "mútuo conhecimento e estima".

Essas iniciativas não invalidam a insistência da Igreja no seu papel extraordinário para a salvação de "todos os homens". Conforme a última frase do quarto artigo, o anúncio da "cruz de Cristo como sinal do amor universal de Deus e como fonte de toda a graça" é um dever que abrange os judeus igualmente em relação aos membros de qualquer outra religião contemplada pela declaração nos artigos anteriores.

O sucinto último artigo da *Nostra Aetate* reforça a determinação da Igreja de se engajar a favor da liberdade e igualdade humana. Volta a confirmar, em nome de Cristo e em defesa dos direitos humanos, sua postura contra "qualquer discriminação ou violência praticada por motivos de raça ou cor, condição ou religião".

2.4. Leitura "vertical piramidal" do documento

Este tópico traz o resumo de uma reflexão de Reid Locklin[37] sobre uma possível forma alternativa de leitura de *Nostra Aetate*. Trata-se da abordagem de um autor que se mostra consciente da dinâmica redacional da Declaração sobre a Relação da Igreja e as Religiões Não Cristãs. Incentivado pelo interesse de conhecimento constitutivo para o raciocínio subjacente ao presente livro, a síntese do artigo de Locklin fecha não apenas este quarto capítulo, mas também o "círculo argumentativo" seguido nos capítulos anteriores.

O ensaio em questão defende a ideia de que a declaração *Nostra Aetate* representa a fusão de dois conceitos do diálogo que se sobrepõem em diversos momentos, mas não devem ser confundidos. Segundo o autor, a principal justificativa dessa ideia encontra-se na estrutura do texto, que revela que a declaração é subdividida em duas partes. A primeira é composta pelo primeiro, segundo e terceiro artigos. A segunda contém os dois artigos restantes. Há importantes diferenças substanciais e redacionais entre as duas partes da declaração. Na leitura de Locklin, o primeiro, segundo e terceiro artigos apropriam-se de uma retórica "universalista" que parte de observações gerais sobre o "gênero humano", passa por ponderações relativas a "povos" caracterizados por uma "certa percepção" da "força oculta" divina "presente no curso das coisas e acontecimentos humanos" e culmina em afirmações mais sólidas sobre o Islã. Pode-se dizer que a composição organizacional dessa parte do texto assemelha-se a uma pirâmide inversa, cujo ápice se situa em um apelo vago ao diálogo e à colaboração "com os sequazes doutras religiões" em prol da missão respeitosa comprometida com a

---

[37] LOCKLIN, Reid. Parsing Nostra Aetate Vatican II and the Multiple Foundations of Interreligious Dialogue. *Newman Rambler*, 10.1 (October 2013), pp. 15-19.

A construção do diálogo

preservação dos "bens espirituais e morais e os valores socioculturais que entre eles se encontram".

A segunda parte é dominada por uma retórica "particularista" e desenvolve seus argumentos conforme uma lógica piramidal no sentido de um raciocínio mais estreito no topo, seguido por uma argumentação cada vez mais "larga". Inicia seu discurso com a referência histórica específica, recordando um "evento" pontual que representa um elo entre o Cristianismo e o Judaísmo. Nos dois itens seguidos, o texto faz referência a outros personagens e momentos históricos significativos para ambas as religiões. Diferentemente do tipo da interlocução inespecífica proposta na primeira parte da declaração, o diálogo com o Judaísmo é qualificado como "fraternal" complementado por medidas concretas ("estudos bíblicos e teológicos").

A abertura gradativa do texto para observações mais universais já é indicada no quarto item, que afirma que a Igreja espera pelo dia em que "todos os povos invocarão a Deus com uma só voz". Essa tendência é retomada no penúltimo item do quarto artigo, que condena as "perseguições" não apenas contra os judeus, mas "contra quaisquer homens". Mais gerais ainda são as afirmações do último item, enfatizando que "Cristo sofreu [...] pelos pecados de todos os homens, para que todos alcancem a salvação". O artigo final da declaração vai um passo além. Não se refere mais a nenhum grupo específico. Em vez disso, anuncia Deus como "Pai comum de todos" que se revelou para toda a humanidade. Quando o parágrafo condena a perseguição não alude a nenhuma vítima em particular, mas apela à "dignidade humana", aos direitos universais e ao respeito pelas diferenças em termos de "raça ou cor, condição ou religião".

Para Locklin, a estrutura da declaração reflete a história redacional do próprio documento. Nas suas duas partes estão impressas as pressões internas e externas sobre o trabalho redacional que fizeram com que um apêndice humilde, com comentários sobre os judeus, ganhasse volume e fosse *posteriormente* expandido em favor da *inclusão* de outras religiões não cristãs incialmente ignoradas. A leitura "piramidal" indica que tal *inclusão* teve mais o caráter de um *acréscimo* e não chegou a configurar uma *intermediação* ou *integração* entre as partes. Por isso, Locklin sugere uma leitura da *Nostra Aetate* no sentido de duas declarações relativamente independentes. Segundo o autor, cada uma das partes representa desafios específicos tratados em nível do Vaticano por duas entidades distintas, a saber: a *Comissão para as Relações Religiosas com os Judeus* e o *Pontifício Conselho para o Diálogo Inter-religioso* (inicialmente nomeado *Secretariado para Não Cristãos*).

CONTEXTUALIZAÇÃO FINAL

Em vez de trazer a expressão comum "conclusão", o título da última parte deste livro aponta para o fato de que as reflexões sobre a Declaração *Nostra Aetate* realizadas nos capítulos anteriores não podem ser consideradas conclusivas em sentido lexical, que associa o termo a verbos como "pôr fim a", "terminar" e "acabar". Isso não desvaloriza as tentativas de relacionar o texto conciliar discutido até aqui com seus horizontes históricos. Pelo contrário: entregamos esta obra ao leitor com a expectativa de que o levantamento e a análise dos fatos e argumentos constitutivos da redação e interpretação da Declaração *Nostra Aetate* ajudem a apreciar as características e a relevância do documento.

Em função disso, foram distinguidos por meio de retrospectivas três horizontes principais da declaração. O primeiro deles é o Concílio Vaticano II. Seu lema do *aggiornamento* norteou a busca pelo reposicionamento da Igreja em relação ao mundo moderno e plural também no sentido da convivência cada vez mais intensa de diferentes tradições religiosas. Em termos institucionais, o evento deu à luz entidades como o *Secretariado para a União dos Cristãos (*hoje Pontifício Conselho para a Promoção da Unidade dos Cristãos*)* e ofereceu espaço para o grupo de teólogos direta ou indiretamente envolvidos na redação da *Nostra Aetate*. A dinâmica gerada pelos esforços da equipe da redação de chegar à versão final de um documento pronto para ser promulgado constitui o segundo horizonte.

Apesar do seu potencial inovador, os sucessivos esquemas não foram elaborados "no vácuo". Diversas articulações e eventos anteriores de diversos autores, instâncias e iniciativas cristãs e não cristãs já tinham sinalizado que era a hora para a correção da postura oficial da Igreja diante das religiões não cristãs. Os vaivéns de sugestões redacionais, discussões controversas nas assembleias plenárias, a recepção de críticas e seus estímulos para pequenas ou maiores mudanças no texto em andamento comprovam quão longo e acidentado foi o caminho do primeiro esboço até a versão oficial de *Nostra Aetate*. O terceiro horizonte da Declaração *Nostra Aetate* é associado à duradoura discussão teológica sobre as modalidades de salvação, o papel que a Igreja desempenha a respeito e o potencial salvífico presente em seres humanos e em grupos que não fizeram ou não fazem parte da comunidade católica. Sob essa perspectiva, chamou-se a atenção para as ricas fontes das quais os redatores da declaração beberam, bem como para conceitos presentes na tradição cristã que repercutiram vivamente não apenas na *Nostra Aetate*, mas também em outros documentos conciliares decisivos para a redação final da declaração.

Esses três horizontes estão ligados ao passado, mas apontam para o futuro – e é exatamente esta condição "aberta" que impede a existência de um capítulo final neste livro que literalmente conclua as reflexões sobre o texto em questão. Um indicador do impulso prospectivo dado pela *Nostra Aetate* é a explosão de publicações sobre assuntos relacionados, lançados por ocasião do quinquagésimo aniversário do documento. A onda de livros e artigos lançados no ano do cinquentenário da Declaração, porém, representa apenas uma parcela de um catálogo impressionante, muito vasto, de fontes relacionadas que chegaram, passo a passo, nas mãos dos leitores; as comemorações decenais anteriores do texto conciliar, aliás, já haviam sido marcadas por publicações. O mesmo vale para outras formas de celebração, inclusive conferências e palestras.

Em maio de 2015, por exemplo, especialistas das religiões monoteístas encontraram-se por três dias na Catholic University of America, em Washington, para o congresso "*Nostra Aetate:* celebrando 50 anos do diálogo da Igreja Católica com judeus e muçulmanos". Já em 2005, ano do quadragésimo aniversário da Declaração, foi estabelecida na Universidade de Georgetown, também em Washington, a série de palestras anuais em que representantes eruditos das três religiões têm tido oportunidade de expor seus pensamentos "macroecumênicos". Os organizadores escolheram como lema da série o *slogan* "Cultivando o diálogo religioso". O título, aliás, alude ao fato de que as aspirações formuladas na Declaração

A construção do diálogo

representam apenas "sementes" que necessitam de cuidado permanente – cultivo – para que cresçam e gerem frutos. Essa metáfora é adequada, uma vez que a *Nostra Aetate*, em si, não resolve nenhum problema prático enfrentado por interlocutores na busca pelo entendimento mútuo. O documento define "apenas" uma *atitude* que a Igreja passa a tomar diante das religiões não cristãs. Em nenhum momento da redação do texto seus autores tinham a intenção de oferecer diretrizes em prol de um intercâmbio bem-sucedido entre católicos e seguidores de outras crenças. Em outras palavras: "A declaração procura o diálogo com os seres humanos de outras crenças para explicitar e determinar a postura com a qual a Igreja os encontrará. Na descrição desta postura ('habitudo') não apenas consta o peso dogmático, mas também a chave hermenêutica do texto".[1]

Como os exemplos supracitados indicam, a continuidade da reflexão sobre os temas incentivados pelo documento, o preenchimento das lacunas teológicas e pastorais nele existentes, bem como a necessidade de transformar a intenção para o diálogo em ações concretas têm sido tarefas de instituições e indivíduos conscientes da importância de um intercâmbio construtivo entre seguidores de diferentes religiões na atualidade. Nesse espírito, foram tomadas medidas de múltiplas formas, contexturas e modalidades.

Desde a promulgação da Declaração sobre a Relação da Igreja e as Religiões Não Cristãs todos os papas têm impulsionado o diálogo inter--religioso em âmbito internacional. O melhor exemplo disso é a série de "Encontros inter-religiosos pela paz" (1986, 1993, 2002, 2011, 2016), inaugurada por João Paulo II em Assis, Itália, com a presença de diversos líderes religiosos mundiais. Evidentemente, as atividades em prol do diálogo inter-religioso no nível do Vaticano não se limitam a eventos esporádicos, mas têm se manifestado – há décadas – no trabalho de duas instâncias já

---

[1] SIEBENROCK, Roman A. Theologischer Kommentar zur Erklärung über die Haltung der Kirche zu den nichtchristlichen Religionen. Nostra Aetate. In: HÜNERMANN, Peter; HILBERATH, Bernd Jochen (Hrsg.). *Herders Theologischer Kommentar zum Zweiten Vatikanischen Konzil*, Freiburg i.Brsg. Herder, 2005, pp. 595-693, especialmente p. 596.

mencionadas anteriormente, a saber: o Secretariado para os Não Cristãos (hoje, o Pontifício Conselho para o Diálogo Inter-religioso) e a Comissão para as Relações Religiosas com os Judeus. Ambas as entidades não se cansam de cultivar o espírito da *Nostra Aetate* por meio de publicação contínua de diretrizes, inclusive relativas ao Judaísmo[2] e ao Islã,[3] mensagens, comunicados, reflexões e orientações pontuais de diversos tipos.[4]

Líderes e porta-vozes da Igreja em diferentes partes do mundo têm tomado providências em nome do diálogo inter-religioso e, de novo, o número de exemplos que poderiam ser citados aqui excede amplamente os limites formais deste parágrafo final desta obra. Para não deixar o leitor sem referências, lembramos, aqui, apenas alguns casos representativos: a Conferência Estadunidense dos Bispos Católicos (United States Conference of Catholic Bishops) ter chegado a um acordo com a comunidade judaica do país sobre a organização de dois ou três encontros bilaterais por ano. Nessas reuniões não são apenas abordados assuntos imediatamente associados à relação mútua entre as duas religiões. Há também um interesse comum por problemas como a educação moral nas escolas públicas, a pena de morte e a crise ambiental. Em 2005, o Comitê Central dos Católicos Alemães (Zentralkomitee der Deutschen Katholiken) lançou a declaração "Judeus e Cristãos na Alemanha".[5] Iniciativas desse tipo não se limitam aos EUA ou à Europa Ocidental, mas encontram-se também em outras

---

[2] CUNNINGHAM, Philip A. Official Ecclesial Documents to Implement Vatican II on Relations with Jews: Study Them, Become Immersed in Them, and Put Them into Practice. *Studies in Christian-Jewish Relations*, v. 4 (2009), pp. 01-36.

[3] PONTIFICAL COUNCIL FOR INTERRELIGIOUS DIALOGUE. *Guidelines for Dialogue between Christians and Muslims*. New York, Paulist Press, 1981.

[4] Cf. os relevantes textos disponibilizados on-line pelo Vaticano: <http://www.vatican. va/ roman _curia/pontifical_councils/interelg/index_po.htm e, respectivamente, http://www. vatican.va/ roman_curia/pontifical_councils/chrstuni/index_po.htm>.

[5] Juden und Christen in Deutschland. <http://www.zdk.de/veroeffentlichungen/erklaerungen/ detail/Juden-und-Christen-in-Deutschland>. Acesso em: 05/12/2016.

A construção do diálogo

155

partes do mundo, como, por exemplo, nas Filipinas,[6] na Nigéria[7] ou no Leste da Europa.[8]

Complementarmente, autores judeus[9] e muçulmanos[10] vêm enriquecendo o debate em andamento, oferecendo *insights* na perspectiva do "outro" relativa às possibilidades e condições estabelecidas por um documento conciliar unilateralmente marcado pelo ponto de vista católico.

Todos os exemplos supracitados comprovam a importância da declaração *Nostra Aetate* para os tempos atuais. Seu espírito continua a incentivar a busca por convergências e modos construtivos de convivência entre as religiões em tempos de ascensão dos fundamentalismos e dos neointegrismos.

---

[6] LAROUSSE, William. *A local church living for dialogue: Muslim-Christian relations in Mindanao-Sulu (Philippines), 1965 – 2000*. Roma: Éditrice Pontificia Università Gregoriana, 2001.

[7] OBI, Casmir Chimezie. *Dialogue as an Imperative to Ecumenical and Interreligious Problems in Nigeria*. Bloomington: Xlibris 2015.

[8] GÓRAK-SOSNOWSKA, Katarzyna (org.). *Muslims in Poland and Eastern Europe: Widening the European Discourse on Islam*. Warszawa: University of Warszawa, 2011.

[9] Cf., por exemplo, ZION, Evrony (org.). *Jewish-Catholic Dialogue. Nostra Aetate, 50 years on*. Roma: Urbaniana University Press 2016; Judaísmo: MARANS, Noam E. *Nostra Aetate's Impact, 50 Years On. How the document has transformed Jewish-Catholic relations*. The Jewish Week, May 12, 2015. <http://jewishweek.timesofisrael.com/nostra-aetates-impact-50-years-on/>.

[10] Cf., por exemplo, SHEHU, Fatmir Mehdi. *Nostra Aetate and the Islamic Perspective of Interreligious Dialogue*. International Islamic University Malaysia, 2008; AKASHEH, Khaled. Islam: Nostra Aetate: 40 Years Later. *L'Osservatore Romano*, Weekly Edition in English, 28 June 2006, p. 08. <http://www.ewtn.com/library/chistory/chrstnsmslms.htm>. Acesso em: 06/12/2016.

REFERÊNCIAS BIBLIOGRÁFICAS

ACTA APOSTOLICAE, v. XXXXII 31, Ianuarii 1950 (Ser.II, v. XVII), n. 2, pp. 121-133.

AKASHEH, Khaled. Islam: *Nostra Aetate*: 40 Years Later. *L'Osservatore Romano*, Weekly Edition in English, 28 June 2006, p. 8, <http://www. ewtn.com /library/chistory/chrstnsmslms.htm>.

ALBERIGO, Giuseppe. *Breve história do Concílio Vaticano II*. Aparecida: Editora Santuário, 2006.

_____. *História do Concílio Vaticano II*. Petrópolis, 1996 (v. 1: O anúncio e a preparação do Vaticano II).

ALDA, Irmã. *Nostra Aetate*: 30 anos depois. *Revista de Cultura Teológica*, n. 15, pp. 49-48, 1996.

APPIAH, Kwame Anthony. Causes of Quarrel: What's Special about Religious Disputes? In: BANCHOFF, Thomas (ed.). *Religious pluralism, globalization, and world politics*. Oxford: Oxford University Press, 2008, pp. 41-64.

APOLOGIA de Justino de Roma. São Paulo: Paulus 1995, <http://www.monergismo. com/textos/apologetica/Justino_de_Roma_IApologia.pdf>.

AQUINAS, Thomas. *Summa Theologiae*. Cambridge: Cambridge University Press, 1974. (v. 49: The Grace of Christ: 3a. 7-15). Frei Carlos Josaphat (edição bras. *Summa* Theologica, São Paulo, Loyola).

BAUM, Gregory. *The Jews and the Gospel*. Westminster, Md.: Newman, 1961.

BEA, Augustin. *The Church and the Jewish People*. New York: Harper & Row, 1966.

BEOZZO, José Oscar. *Padres conciliares brasileiros no Concílio do Vaticano II*: participação e prosopografia (1959-1965). (Tese de doutorado em História Social). São Paulo: Universidade de São Paulo, 2001.

_____. *A Igreja do Brasil no Concílio Vaticano II*: 1959-1965. São Paulo/ Rio de Janeiro/Petrópolis/Sobral: Paulinas/EDUCAM/CAALL/UVA, 2005.

BERENBAUM, Michael. Holocaust. The Events. In: SKOLNIK, Fred; BERENBAUM, Michael (ed.). *Encyclopaedia Judaica*. Detroit: Thomson-Gale, 2007, pp. 325-343. v. 9.

BERGER, Peter L.; LUCKMANN, Thomas. *A construção social da realidade*. Petrópolis: Vozes, 2012.

BISCHOF, Franz Xaver. Das Konzil – Ein neues Pfingsten (Johannes XXIII.). *Münchener Theologische Zeitung*, 64, 2013, pp. 413-424.

BITTERLI, Urs. *Alte Welt – neue Welt. Formen des europäisch-überseeischen Kulturkontakts vom 15. bis zum 18. Jahrhundert*. München: Beck 1986.

BOARDMAN, George Dana. The Parliament of Religions. *Independent*, 46, pp. 1677-1678.

BOD, Rens. *A New History of the Humanities. The Search for Principles and Patterns from Antiquity to the Present*. Oxford: University Press, 2013.

BOGUSLAWSKI, Steven. *Thomas Aquinas on the Jews. Insights into His Commentary on Romans 9-11*. New York: Paulist Press, 2008.

BORELLI, John. The Origins and Early Development of Interreligious Relations during the Century of the Church (1910-2010). *U. S. Catholic Historian*, v. 28, n. 2, pp. 81-105, Spring 2010.

_____. *Vatican II: Preparing the Catholic Church for Dialogue. Reflections Approaching the Fiftieth Anniversary of the Council*. National Workshop on Christian Unity Oklahoma City, OK, April 17, 2012. Georgetown University, <http://nwcu.org/wp-content/uploads/2015/01/JohnBorelli-NWCU2012 Keynote.pdf>.

BORRMANS, Maurice. Die Entstehung der Erklärung über das Verhältnis der Kirche zu den nichtchristlichen Religionen Nostra Aetate auf dem Zweiten Vatikanischen Konzil. In: VÖCKING, Hans (Hg.). *Nostra*

A construção do diálogo   **159**

Aetate und die Muslime. Eine Dokumentation. Freiburg: Herder, 2010, pp. 24-55.

_____. Louis Gardet (1904-1986) – Freund und Zeuge der Reichtümer des Islams. In: BSTEH, Petrus; PROKSCH, Brigitte (Hg.). *Wegbereiter de inter-religiösen Dialogs.* Münster: Lit-Verlag, pp. 205-209.

BOURGADE, François. *Soirées de Carthage, ou, dialogues entre un prêtre catholique, un muphti et un cadi.* Paris: Firmin Didot, 1847.

BOURGEOIS, Henri; TIHON, Paul; SESBOUE, Bernard. *História dos dogmas:* os sinais da salvação. São Paulo: Loyola, 2005.

BRAUNWARTH, Esther. *Der christlich-jüdische Dialog in Deutschland am Beispiel der Gesellschaften für christlich-jüdische Zusammenarbeit.* (Tese de doutrado em Filosofia), Universidade de Tübingen, 2009.

BRECHENMACHER, Thomas: *Der Vatikan und die Juden:* Geschichte einer unheiligen Beziehung. München: Beck, 2005.

BRITO, Angela Xavier de: As Congregações de Notre-Dame de Sion: superioridade masculina e subordinação feminina na Igreja católica. *Pro-Posições,* 25, n. 1, pp. 75-98, 2014.

BSTEH, Petrus. Georges Chehata Anawati (1905-1994): Dominikaner zwischen der Arabischen und der Westlichen Welt. In: BSTEH, Petrus; PROKSCH, Brigitte (Hg.). *Wegbereiter de inter-religiösen Dialogs.* Münster: Lit-Verlag, pp. 200-204.

_____. Louis Massignon (1883-1962): Leben im Dienst christlich-muslimischer Verständigung. In: BSTEH, Petrus; PROKSCH, Brigitte (Hg.). *Wegbereiter de inter-religiösen Dialogs.* Münster: Lit-Verlag, pp. 195-199.

CALDEIRA, Rodrigo Coppe. *Os baluartes da tradição:* a antimodernidade católica brasileira no Concílio Vaticano II. (Tese de doutorado em Ciência da Religião), Universidade Federal de Juiz de Fora, 2009.

CAMPS, Arnulf. *Studies in Asian Mission History,* 1956-1998. Leiden: Brill 2000, pp. 22-30.

CARTUS, F. E. Vatican II & the Jews, *Commentary*, January 1965, pp. 19-29.

CASSIDY, Cardinal. Thirty Years After "Nostra Aetate" n. 4. *European Judaism*: A Journal for the New Europe, v. 29, n. 1, (Spring 1996), pp. 121-130.

CERNERA Anthony J. *Examining Nostra Aetate After 40 Years*: Catholic-Jewish Relations in Our Time. Fairfield: Sacred Heart University Press, 2007.

CESARI, Jocelyne. *The Oxford Handbook of European Islam*. Oxford: Oxford University Press, 2014.

CLOONEY, Francis X. *Comparative Theology Deep Learning across Religious Borders*. Oxford, Wiley-Blackwell, 2010.

CNBB. *Estudos 52*. Guia para o diálogo inter-religioso: relações com as grandes religiões, movimentos religiosos contemporâneos, filosofia de vida. São Paulo: Paulinas, 1987.

_____. *Estudos 62*. A Igreja Católica diante do pluralismo religioso no Brasil (I). Guia ecumênico popular. São Paulo: Paulinas, 1981.

_____. *Estudos 68*. A Igreja e os novos grupos religiosos. Guia ecumênico popular. São Paulo: Paulinas, 1993.

_____. *Estudos. 69*. A Igreja Católica diante do pluralismo religioso no Brasil (II). Guia ecumênico popular. São Paulo: Paulinas, 1993.

_____. *Estudos 71*. A Igreja Católica diante do pluralismo religioso no Brasil (III). Guia ecumênico popular. São Paulo: Paulinas, 1994.

COHEN, Naomi W. *What the Rabbis said*: the Public Discourse of Nineteenth-Century American Rabbis. New York: New York University, 2008.

COLISH, Marcia L. *Peter Lombard*. Leiden: Brill, 1994. v. 1.

COLLIARD, Alfred J. *Historical Aspects of the Axiom Extra Ecclesiam Nulla Salus*: Master Thesis in Religion, Faculty of Arts. Ontario: University of Ottawa, 1966.

COLOMBO, Maria Alzira da Cruz. A relação da congregação de Notre Dame de Sion com seu carisma: do antissemitismo teológico a uma relação de estima e respeito para com os judeus. *Revista Brasileira de História da Educação*, v. 15, n. 3 (39), pp. 141-166, 2015.

CONNELLY, John. Catholic Racism and Its Opponents. *The Journal of Modern History*, v. 79, n. 4 (December 2007), pp. 813-847.

CUNNINGHAM, Philip A. Official Ecclesial Documents to Implement Vatican II on Relations with Jews: Study Them, Become Immersed in Them, and Put Them into Practice. *Studies in Christian-Jewish Relations* (2009), pp. 1-36, v. 4.

D'COSTA, Gavin. Catholicism and the World Religions: A Theological and Phenomenological Account. In: D´COSTA, Gavin (org.). *The Catholic Church and the World Religions. A Theological and Phenomenological Account*. London: T&T Clark, 2011, pp. 01-33.

_____. Vatican II. *Catholic Doctrines on Jews and Muslims*. Oxford: Oxford University Press, 2014.

DÉMANN, Paul P. Johannes XXIII. und die Juden, *Freiburger Rundbrief* – Beiträge zur Förderung der Freundschaft zwischen dem Alten und dem Neuen Gottesvolk im Geiste beider Testamente, Nummer 45/48, XII. Folge 1959/60, 28.12.1959, pp. 4-8.

DENZINGER, Heinrich. *Compêndio dos símbolos, definições e declarações de fé e moral*. São Paulo: Paulinas/Loyola, 2007.

DER GEGENSTOSS VON MSGR. Carli. *Freiburger Rundbrief* – Beiträge zur Förderung der Freundschaft zwischen dem Alten und dem Neuen Gottesvolk im Geiste beider Testamente, Jahrgang XVI/XVII, Nummer 61/64, Juli 1965, pp. 31-37.

DUNN, Matthew W. I. T*he Use of the Bible in Jacques Dupuis's Christian Theology of Religious Pluralism*, PhD-thesis in Theology. Toronto: University of Saint Michael's College, 2013.

EIRICH, Margarete. "Aggiornamento: im Heute stehen". <https://www.uni--trier. de/fileadmin/ theofak/Symposium/Aggiornamento.pdf>.

ELDERS, L. J. Karl Rahner und die nicht-christlichen Religionen, Theologisches. *Katholische Monatsschrift*, 34, 4/5 2004, pp. 201-208.

ELSNER, Thomas R.; Heither, Theresia. *Die Homilien des Origines zum Buch Josua*. Stuttgart: Herder, 2006.

FAHEY, Michael: Church. In: SCHÜSSLER, Francis Fiorenza; GALVIN, John P. (org.). *Systematic Theology: Roman Catholic Perspectives*. Minneapolis: Fortress Press, 2011, pp. 315-373.

FELDHAUS, Stephan. Ignorantia. In: *Lexikon für Theologie und Kirche*, Bd. 5, editado por Walter Kasper. Freiburg: Herder, 1996, colunas 411-413.

FISCHER, Heinz-Joachim. *Zwischen Rom und Mekka*. Die Päpste und der Islam. München: Bertelsmann, 2009.

FISHER, Eugene J. The Impact of Christian-Jewish Dialogue on Catholic Biblical Studies. *Studies in Christian-Jewish Relations*, v. 3 (2008), pp. 1-5.

FITZGERALD, Michael L. What the Catholic Church Has Learnt from Interreligious Dialogue. *Journal of the Interdisciplinary Study of Monotheistic Religions*, 4, 2008, pp. 46-59.

FRAZEE, Charles A.: *Catholics and Sultans*. The Church and the Ottoman Empire. London/New York: Cambridge University Press, 1983.

FREDERICKS, James Lee. *Faith among faiths: Christian Theology and non--Christian Religions*. Mahawah: Paulist Press, 1999.

_____. Introduction. In: FREDERICKS, James Lee.; TIEMEIER, Tracy Sayuki (org.). *Interreligious Friendship after Nostra Aetate*. New York: Palgrave Macmillan, 2015, pp. 1-7.

FRESACHER, Bernhard: *Anderl von Rinn*. Ritualmordkult und Neuorientierung in Judenstein 1945-1995. Innsbruck/Wien: Tyrolia-Verlag, 1998.

FRIENDS OF SION. Os dez pontos de Seelisberg, <http://friendsofsion. org/br/ index.php/dez/>.

FRINGS, Joseph. Das Konzil und die moderne Gedankenwelt. *Geist und Leben* 34, 1961, pp. 448-460.

FULGENTIUS RUSPENSIS EPISCOPUS. *De Fide Seu De Regula Verae Fidei Ad Petrum Liber Unus.* <http://www.documentacatholicaomnia. eu/02m/0467-053 2,_Fulgentius_Ruspensis_Episcopus,_De_Fide_Seu_ De_Regula_Verae_ Fidei Ad_Petrum_Liber_Unus,_MLT.pdf.>.

GEWECKE, Frauke. *Wie die neue Welt in die alte kam.* Stuttgart: Klett-Cotta, 1986.

GÓRAK-SOSNOWSKA, Katarzyna (org.). *Muslims in Poland and Eastern Europe*: Widening the European Discourse on Islam. Warszawa: University of Warszawa, 2011.

GRAHAM, Susan L. Irenaeus and the Covenants: "Immortal Diamond". In: YOUNG, Frances Margaret; EDWARDS, Mark J.; PARVIS, Paul M. *Critica et philological.* Leuven, 2006, pp. 393-398.

GRANFIELD, Patrick. The Church as Societas Perfecta in the Schemata of Vatican I. *Church History*, v. 48, n. 4 (Dec.1979), pp. 431-446.

GREELEY, Andrew. *The Catholic Revolution. New Wine, Old Wineskins, and the Second Vatican Council.* Berkely: University of California Press, 2004.

GREIFF, Tobias. Die Neue Welt in deutschsprachigen Reiseberichten des 16. Jahrhunderts. Identitätsfindung und Selbstpositionierung über die Konstruktion der Fremdartigkeit. *aventinus varia* Nr. 31 [28.02.2012], <http://www.aventinus-online.de/no_cache/ persistent/ artikel/9265/>.

GROPPE, Elizabeth T. Revisiting Vatican II's Theology of the People of God after Forty Five Years of Catholic-Jewish Dialogue. *Theological Studies* 72 (2011), pp. 586-619.

GUTRON, Clémentine. L'abbé Bourgade (1806-1866), Carthage et l'Orient: de l'antiquaire au publiciste. *Anabases* 2, pp. 177-191, 2005.

HANHIMÄKI, Jussi M. *The United Nations*: a Very Short Introduction. Oxford: Oxford University Press, 2008.

HENNESEY, J. J. Vatican Council I. In: *The New Catholic Encyclopedia*. 2. ed. Detroit: Thomson-Gale, 2002, pp. 403-407. v. XIV.

HERMANN, Otto. *Das Zweite Vatikanische Konzil*: (1962-1965). Vorgeschichte – Verlauf – Ergebnisse – Nachgeschichte. Würzburg: Echter, 1993.

HICK, John. *Dialogues in the Philosophy of Religion*. New York: Palgrave, 2001.

HULME, Peter: *Colonial encounters: Europe and the native Caribbean*, 1492-1797, Cambridge: Cambridge University Press, 1986.

HÜNERMANN, Peter. Theologischer Kommentar zur dogmatischen Konstitution über die Kirche *Lumen Gentium*. In: HÜNERMANN, Peter; HILBERATH Bernd Jochen (Hrsg.). *Herders Theologischer Kommentar zum Zweiten Vatikanischen Konzil*. Freiburg: Herder 2009, pp. 263-582. v. 2.

HUPFELD, Tanja. *Zur Wahrnehmung und Darstellung des Fremden in ausgewählten französischen Reiseberichten des 16. bis 18. Jahrhunderts*. Göttingen, Universitätsverlag, 2007.

INSTITUTO DE TEOLOGIA BENTO XVI. *Vida e obra de Charles de Foucauld*, <https://blog.cancaonova.com/itbentoxvi/vida-e-obra-de-charles-de-foucauld/>.

IRINAEUS, St. *Adversus haereses* (Contra as Heresias), Book IV, chapter 20, <http://www.newadvent.org/ fathers/0103420.htm>.

_____. *Adversus haereses* (Contra as Heresias), Book IV, chapter 28 <http://www.newadvent.org/ fathers/0103428.htm>.

_____. *Epideixis*, Book IV, <http://www.newadvent.org/fathers/ 0103409. htm>.

ISAAC, Jules. *Genèse de l'antisémitisme*. Paris: Calmann-Levy, 1956.

_____. *Jesús e Israël*, Paris: Albin Michel, 1948.

JORDAN, Louis Henry. *Comparative Religion – Its Genesis and Growth*. Edinburgh: T. & T. Clark, 1905.

JOSAPHAT, Frei Carlos. *Evangelho e diálogo inter-religioso*. São Paulo: Loyola, 2003.

KAPLAN, Edward K. *Spiritual Radical. Abraham Joshua Heschel in America, 1940-1972*. New Haven & London: Yale University Press.

KARDINAL KÖNIG UND DAS KONZIL, <http://www.jahrdesglaubens.at/jdg/home/ news/article/102265.html>.

KÄRKKÄINEN, Veli-Matti. *An Introduction to the Theology of Religions*: Biblical, Historical & Contemporary Perspectives. Illinois: IVP Academic, 2003, pp. 55-62.

KASPER, Walter Kardinal. *Katholische Kirche. Wesen, Wirklichkeit, Sendung*. Freiburg: Herder, 2011.

KESSLER, Edward. *An Introduction to Jewish–Christian Relations*. Cambridge: Cambridge University Press 2010.

KHAN, Arshad. *Islam, Muslims, and America*: Understanding the Basis of their Conflict. New York: Algora Publishing, 2003.

KIRCHE, Staat. Volk, Judentum. Zwiegespräche im Jüdischen Lehrhaus in Stuttgart am 14. Januar 1933. *Theologische Blätter*, n. 9, 12, 1933, colunas 257-27.

KNITTER, Paul F. *Introdução às teologias das religiões*. São Paulo: Paulinas, 2008.

KOGAN, Michael S. *Opening the Covenant*. A Jewish Theology of Christianity. Oxford: Oxford University Press, 2005.

KÖNIG, Franz Kardinal. *Offen für Gott – offen für die Welt*. Kirche im Dialog. Freiburg i.Br: Herder, 2006.

KRAUT, Benny: Towards the Establishment of the National Conference of Christians and Jews: The Tenuous Road to Religious Goodwill in the 1920s. *American Jewish History*, v. 77, n. 3, 1, pp. 388-412, 1988.

KÜNG, Hans; MOLTMANN, J. *O cristianismo entre as religiões mundiais*. Petrópolis: Editora Vozes, 1986.

LAROUSSE, William. *A local church living for dialogue: Muslim-Christian relations in Mindanao-Sulu (Philippines), 1965-2000*. Roma: Éditrice Pontificia Università Gregoriana, 2001.

LEE, Kyou Sung. *Konziliäre und päpstliche Beiträge zum interreligiösen Dialog im 20.Jahrhundert*. Frankfurt: Books on Demand, 2003.

LEONHARD, Jörn. Weltkrieg, Erster, Kirchengeschichtlich, *Religion in Geschichte und Gegenwart*, Band 8.Tübingen: Mohr Siebeck, 2005, colunas 1442-1444.

LEWY, Guenter; MINERBI, Sergio Itzhak. Holocaust. The Catholic Church. In: SKOLNIK, Fred; BERENBAUM, Michael (ed.). *Encyclopaedia Judaica*. Detroit: Thomson-Gale, 2007, pp. 370-374. v. 9.

LIENEMANN-PERRIN, Christine. *Mission und interreligiöser Dialog*. Göttingen, Vandenhoeck & Ruprecht, 1999.

LOCKLIN, Reid. Parsing Nostra Aetate Vatican II and the Multiple Foundations of Interreligious Dialogue. *Newman Rambler*, 10.1 (October 2013), pp. 15-19.

LUDWIG, Frieder. Weltkrieg, Erster, Auswirkungen in Asien, Afrika und Lateinamerika. *Religion in Geschichte und Gegenwart*, Band 8. Tübingen: Mohr Siebeck, 2005, colunas 1444-1445.

MANSINI, Guy. *Lumen Gentium*. In: LAMB, Matthew L.; LEVERING, Matthew (ed.). *The reception of Vatican II*. New York: Oxford University Press, pp. 48-80.

MARANS, Noam E. *Nostra Aetate's Impact, 50 Years On*. How the document has transformed Jewish-Catholic relations. The Jewish Week, May 12, 2015, <http://jewishweek.timesofisrael.com/nostra-aetates-impact-50-years-on/>.

MARCHIONE, Margherita. *Did Pope Pius XII Help the Jews?* New York: Paulist Press, 2007.

MAZZOLINI, Sandra. Extra Ecclesiam Nulla Salus? What Has the Catholic Church Learned about Interfaith Dialogue since Vatican II? In: LATINOVIC, Vladimir; MANNION, Gerard; PHAN, Peter C. (ed.). *Pathways for Interreligious Dialogue in the Twenty-First Century.* London: Palgrave Macmillan, 2016, pp. 41-52.

MCKENNA, Rebecca. The Transformative Mission of the Church in the Thought of Gregory Baum. *Theological Studies*, 59, pp. 608-635, 1998.

MENDONSA, P. Peter. *Christian Witness in Interreligious Context.* Approaches to Interreligious Dialogue. (Tese de doutorado em Teologia Católica). Universidade de Munique, 2006.

MENGOD, Daniel Sancho. *Shoah und Antisemitismus auf dem Zweiten Vatikanischen Konzil.* Das Ringen um die Entstehung von *Nostra Aetate* § 4 in Kontext von Politik, Geschichte und Theologie. (Dissertação de mestrado em Teologia), Viena, 2011.

MONOTHEISMUS IN DER WELT VON HEUTE. Vortrag von Kardinal König an der altehrwürdigen Universität Al-Azhar in Kairo am 31. März 1965, <http://www.kardinalkoenig.at/wirken/gespraech/dialog4/0/articles/2008/03/05/a3 404/>.

MORALI, Ilaria. Religions and Salvations. Features of Medieval Theology. In: BECKER, Karl J.; MORALI, Ilaria (org.). *Catholic Engagement with World Religions.* A Comprehensive Study. Maryknoll/New York: Orbis Books, 2010, pp. 49-68.

_____. Salvation, Religions, and Dialogue in the Roman Magisterium. In: BECKER, Karl J.; MORALI, Ilaria (org.). *Catholic Engagement with World Religions.* A Comprehensive Study. Maryknoll/New York: Orbis Books, 2010, pp. 122-142.

MORRISEY, Francis G. Papal and Curial Pronouncements: Their Canonical Significance in Light of the 1983 Code of Canon Law. *The Jurist* 50, pp. 112-125, 1990.

NACKE, Stefan. *Die Kirche der Weltgesellschaft*. Das II. Vatikanische Konzil und die Globalisierung des Katholizismus. Wiesbaden: Verlag für Sozialwissenschaften, 2010.

OBI, Casmir Chimezie. *Dialogue as an Imperative to Ecumenical and Interreligious Problems in Nigeria*. Bloomington: Xlibris, 2015.

O'COLLINS, Gerald. *The Second Vatican Council on Other Religions*. Oxford: Oxford University Press, 2013.

O'MALLEY, John W. *What Happened at Vatican II*. Cambridge/Massachusetts/London: The Belknap Press of Harvard University, 2008.

O'SHEA, Paul Damian. *A Cross too Heavy*. Pope Pius XII and the Jews of Europe. New York: Palgrave Macmillan, 2011.

OESTERREICHER, John M. Pro Perfidis Judaeis. *Theological Studies*, v. 8, pp. 80-96, 1947.

OLIVEIRA, Antonio Genivaldo Cordeiro de. *Sementes inesperadas de um jardim (des)encantado*. A construção político-eclesial da identidade de Igreja local no Japão: um estudo a partir do conflito com o caminho neocatecumenal. (Tese de doutorado em Ciência da Religião), Pontifícia Universidade Católica de São Paulo, 2016.

ORÍGENES. *Contra Celso*. São Paulo: Paulus, 2004.

OTTO, Rudolf. *Das Heilige*. Über das Irrationale in der Idee des Göttlichen und sein Verhältnis zum Rationalen, [1917]. München: Beck, 1997.

_____. Vom Wege, *Die christliche Welt*, v. 25, n. 30, pp. 708-709, 1911.

PAPE, Christian: Pauluswerk. In: BENZ, Wolfgang (Hg.). *Handbuch des Antisemitismus*. Judenfeindschaft in Geschichte und Gegenwart, Band V: Organisationen, Institutionen, Bewegungen. Berlin: DeGruyter 2012, p. 487.

PESCH, Otto Hermann. *Das Zweite Vatikanische* Konzil Vorgeschichte – Verlauf – Ergebnisse – Nachgeschichte. Würzburg: Echter, 1993.

PIEPER, Friedhelm: *Den Dialog auf die Tagesordnung der Welt gesetzt.* Zur Bedeutung von *Nostra Aetate*, der Erklärung des Zweiten

Vatikanischen Konzils über das Verhältnis der Kirche zu den nicht-christlichen Religionen, Materialdienst Evangelischer Arbeitskreis Kirchen und Israel in Hessen und Nassau 01/2006, <http://www.imdialog.org/md2006/01/14.html>.

PONCINS, Léon de. *Judaism and the Vatican*. An attempt at Spiritual Subversion. London: Britons Publishing Company, 1967.

_____. *Le Problème Juif Face au Concile*. London: Britons Publishing Company, 1965.

PONTIFICAL COUNCIL FOR INTERRELIGIOUS DIALOGUE. *Guidelines for Dialogue between Christians and Muslims*. New York: Paulist Press, 1981.

POORTHUIS, Marcel J. H. M. Johannes Willebrands as a Theologian of the Jewish-Christian Dialogue. In: MEY, P. de; DENAUX, A. J. (ed.). *The Ecumenical Legacy of Johannes Cardinal Willebrands*. Leuven: Peeters Publishers, 2012, pp. 261-278.

_____. The Theology of Nostra Aetate on Islam and Judaism, or: How converts introduced a new thought within the Vatican. In: GEEST, P. J. J.; REGOLI, R. (ed.). *Suavis laborum memoria*. Scritti in onore di Marcel Chappin SJ per il suo 70º compleanno. Città del Vaticano: Archivo Secreto Vaticano, 2013, pp. 317-336.

_____. The Diplomat and the Pioneer in Jewish-catholic Relations prior to Nostra Aetate: Jo Willebrands and Toon Ramselaar. *Journal of Ecumenical Studies*, 49: 3, 2014, pp. 471-488.

PORTO, Padre Humberto. *Os protocolos do Concílio Vaticano II*: sobre os judeus. São Paulo: Edições Diálogo, 1984.

POPE, Kyle. *The Second Apology of Justin Martyr*: with Text & Translation. Shawnee Mission: Ancient Road Publications, 2001.

RADANO, John A. Contributions to Vatican Ecumenism: The Critical Period, 1960-1978. *U.S. Catholic Historian*, v. 28, n. 2, pp. 19-38, 2010.

RAHNER, Johanna; LÜDECKE, Norbert. Zweites Vatikanum. War es wirklich eine Revolution? *Die Zeit* 11/11/2012, <http://www.zeit. de/2012/42/Zweites-Vatikanisches-Konzil-Pro-Contra>.

RATZINGER, Josef. *Das neue Volk Gottes. Entwürfe zur Ekklesiologie.* Düsseldorf: Patmos, 1970.

REINHARD, Wolfgang. *Globalisierung des Christentums?* Heidelberg: Universitätsverlag Winter, 2007.

REISER, William. De Foucauld, Charles (1858-1916). In: ESPÍN, Orlando, O.; NICKOLOFF, James B. (ed.). *An Introductory Dictionary of Theology and Religious Studies.* Collegeville/Minnesota: Michael Glaxier, 2007, p. 324.

RIJK, C. A.; RAMSELAAR, A. C. Events and Persons. *Sidic Periodical*, n. 3, pp. 11-15, 1968.

RUTISHAUSER, Christian M. Jewish-Christian Dialogue and the Theology of Religions. *Studies in Christian-Jewish Relations*, v. 1, pp. 53-66, 2005-2006.

RUTISHAUSER, Christian. The 1947 Seelisberg Conference: The Foundation of the Jewish-Christian Dialogue. *Studies in Christian-Jewish Relations*, 2, 2 (2007): 34-53.

SALEMINK, Theo. Katholische Identität und das Bild der Jüdischen "Anderen". Die Bewegung Amici Israel und ihre Aufhebung durch das Heilige Offizium im Jahre 1928. *Theologie. Geschichte. Zeitschrift für Theologie und Kulturgeschichte*, 1 (2006), pp. 91-105.

SANCHEZ, Wagner Lopes. *Vaticano II e o diálogo inter-religioso.* São Paulo: Paulus, 2015.

_____; PASSOS, João Décio. *Dicionário do Concílio Vaticano II.* São Paulo: Paulus/Paulinas, 2015.

SANTOS, F. Delfim. Cronologia das traduções e das obras filológicas orientalistas. *Nuntius Antiquus*, n. 5, pp.149-159, julho de 2010.

SCHÄFFTER, Ortfried. Modi des Fremderlebens. Deutungsmuster im Umgang mit Fremdheit. In: SCHÄFFTER, Ortfried (org.). *Das Fremde. Erfahrungsmöglichkeiten zwischen Faszination und Bedrohung.* Opladen: Westdeutscher Verlag, 1991, pp. 11-42.

SCHMIEDL, Joachim. *Das Konzil und die Orden*: Krise und Erneuerung des gottgeweihten Lebens. Vallendar-Schönstatt: Patris, 1999.

SCHROEDER, Steven M.: *To Forget It All and Begin Anew: Reconciliation in Occupied Germany, 1944-1954*, Toronto: University of Toronto Press, 2013.

SELIG, Diana. *Americans All: The Cultural Gifts Movement.* Cambridge/Massachusetts/London: Harvard University Press, 2008.

SHAKESPEARE, Steven. Ecclesiology and Philosophy. In: MANNION, Gerard; MUDGE, Lewis S. (ed.). *The Routledge Companion to the Christian Church.* New York: Routledge, 2008, pp. 655-673.

SHEHU, Fatmir Mehdi. *Nostra Aetate and the Islamic Perspective of Interreligious Dialogue.* International Islamic University Malaysia, 2008.

SHIN, Jeonghun. *Kirche als Weltforum*: zum Dialogverständnis in kirchlichen Dokumenten seit dem Zweiten Vatikanischen Konzil. Münster: Lit-Verlag, 2010.

SHORTER, Alylward. Christian presence in a Muslim milieu: the missionaries of Africa in the Maghreb and the Sahara. *International Bulletin of Missionary*, v. 28 Issue 4, pp. 159-164, 2004.

SIEBENROCK, Roman A. Theologischer Kommentar zur Erklärung über die Haltung der Kirche zu den nichtchristlichen Religionen *Nostra Aetate*. In: Hünermann, Peter; HILBERATH, Bernd Jochen (Hg.). *Herders Theologischer Kommentar zum Zweiten Vatikanischen Konzil.* Bd. 3. Freiburg: Herder, 2005, pp. 595-693.

SIMEK, Rudolf. *Monster im Mittelalter.* Die Phantastische Welt der Wundervölker und Fabelwesen. Köln: Böhlau, 2015.

SMITH, Jane I. *Islam in America*. New York: Columbia University Press, 1999.

SPAEMANN, Heinrich. Msgr. Carli und die Juden – Eine Entgegnung, *Freiburger Rundbrief* – Beiträge zur Förderung der Freundschaft zwischen dem Alten und dem Neuen Gottesvolk im Geiste beider Testamente, Jahrgang XVI/XVII, Nummer 61/64, Juli 1965.

STJEPAN, Schmidt. *Augustin Bea, the Cardinal of Unity*. New York: New City Press, 1992.

STRANSKY, Thomas F. The Catholic-Jewish Dialogue: Twenty Years After "Nostra Aetate". *America*, pp. 92-97, February 8, 1986.

_____. The Genesis of *Nostra Aetate*. *America*, v. 193, n. 12, pp. 8-12, 2005.

SWIDLER, Leonard. The History of Inter-Religious Dialogue. In: CORNILLE, Catherine (org.). *The Wiley-Blackwell Companion to Inter-Religious Dialogue*. Hoboken: Wiley-Blackwell, 2013, pp. 3-10.

TEIXEIRA, Faustino. *Buscadores cristãos no diálogo com o islã*. São Paulo: Paulus, 2014.

_____. *Buscadores do diálogo*: itinerários interreligiosos. São Paulo: Paulinas, 2012.

_____. *Cristianismo e diálogo inter-religioso*. São Paulo: Fonte Editorial, 2014.

_____. *Teologia e pluralismo religioso*. São Bernardo do Campo: Nhanduti Editora, 2012.

_____; DIAS, Zwingli. *Ecumenismo e diálogo inter-religioso*. Aparecida do Norte: Santuário, 2008.

THE REPORT OF COMMISSION 3, Seelisberg Conference of 1947. *Revista Sidic III* – 1970/2, pp. 03-05.

TÜCK, Jan-Heiner. Extra ecclesiam nulla salus. Das Modell der gestuften Kirchenzugehörigkeit und seine dialogischen Potentiale. In: TÜCK, Jan-Heiner (org.). *Erinnerung an die Zukunft*: Das Zweite Vatikanische Konzil. Freiburg: Herder, 2013, pp. 262-290.

UHDE, Bernhard. *Warum sie glauben, was sie glauben. Weltreligionen für Andersdenkende und Nachdenkende.* Freiburg: Herder, 2013.

ULRICH, Jörg. Wie verteidigte Euseb das Christentum? Eine Übersicht über die apologetischen Schriften und die apologetische Methode Eusebs von Caesarea. In: JACOBSEN, Anders-Christian; ULRICH; Jörg (org.). *Three Greek Apologists:* Origen, Eusebius, and Athanasius. Frankfurt: Peter Lang, 2007, pp. 49-74.

VALKENBERG, Pim; CIRELLI, Anthony (org.). *Nostra Aetate:* Celebrating 50 Years of the Catholic Church's dialogue with Jews and Muslims. Washington: The Catholic University of America Press, 2016.

VATIKANISCHE KOMMISSION FÜR DIE RELIGIÖSEN BEZIEHUNGEN ZUM JUDENTUM IM SEKRETARIAT FÜR DIE EINHEIT DER CHRISTEN. *Hinweise für eine richtige Darstellung von Juden und Judentum in der Predigt und in der Katechese der katholischen Kirche.* Bonn: Sekretariat der Deutschen Bischofskonferenz, 1985.

VIGIL, Jose M. *Theology of Religious Pluralism.* Wien: Lit Verlag, 2008.

WAARDENBERG, Jacques. Louis Massignon (1883-1962) as a Student of Islam. *Die Welt des Islams*, New Series, v. 45, Issue 3, pp. 312-342, 2005.

WALDENFELS, Hans. Ecclesiology and Religious Pluralism. In: MANNION, Gerard; MUDGE, Lewis S. (ed.). *The Routledge Companion to the Christian Church.* New York: Routledge, 2008, pp. 476-494.

WICKS, Jared. *Cardinal Bea's Unity Secretariat*: Engine of Renewal and Reform at Vatican II, <http:// www.luc.edu/media/lucedu/ccih/forms/ LUChi-Sept20.pdf>.

WOHLLEBEN, Ekkehard. *Die Kirchen und die Religionen: Perspektiven einer ökumenischen Religionstheologie.* Göttingen: Vandenhoeck & Ruprecht, 2004.

WOLFF, Elias. *Unitatis Redintegratio, Dignitatis Humanae, Nostra Aetate*: textos e comentários. São Paulo: Paulinas, 2012.

WRIGHT, John Hickey. *The Order of the Universe in the Theology of St. Thomas Aquinas*. Romae: Apud Aedes Universitatis Gregorianae.

YOUNG, F.; EDWARDS, M.; PARVIS, P. (org.). *Studia Patristica:* Augustine, Other Latin Writers, Leuven: Peters, 2006. v. XLIII.

ZION, Evrony (org.). *Jewish-Catholic Dialogue. Nostra Aetate, 50 years on.* Roma: Urbaniana University Press, 2016.

Documentos citados

CARTA encíclica *Ecclesiam Suam* do Sumo Pontífice Papa Paulo VI. <http://w2.vatican.va/content/paul-vi/pt/encyclicals/documents/hf_ pi_enc_ 06081964 ecclesiam.html>.

CARTA encíclica *Evangelii Praecones*, do Sumo Pontífice Papa Pio XII, <https://w2.vatican.va/content/pius-xii/pt/encyclicals/documents/hf_ p-xii_enc_ 02061951_evangelii-praecones.html>.

CARTA encíclica *Mystici Corporis* do Sumo Pontífice Papa Pio XII. <http:// w2.vatican.va/content/pius-xii/pt/encyclicals/documents/hf_p-xii_ enc_2906 1943_mystici-corporis-christi.html>.

CARTA encíclica *Quanta Cura* do Sumo Pontífice Papa Pio IX. <https:// w2.vatican.va/content/pius-ix/it/documents/encyclica-quanta-cura- -8-decembris-1864.html>.

CARTA encíclica *Quanto Conficiamur Moerore* do Sumo Pontífice Papa Pio IX. <http://www. papalencyclicals. net/Pius09/p9quanto.htm>.

CARTA encíclica *Singulari Quadam* do Sumo Pontífice Papa Pio IX. <http:// novusordowatch.org/pius9-singulari-quadam/>.

CARTA encíclica *Summi Pontificatus*, sobre o ofício do pontificado, 20 de outubro do ano de 1939. <https://w2.vatican.va/content/pius-xii/pt/ encyclicals/documents /hf_pxii_enc_20101939_ summi-pontificatus. html>.

CONSTITUIÇÃO conciliar *Sacrosanctum Concilium*, sobre a Sagrada Liturgia. <http:// www.vatican. va/archive/hist_councils/ii_vatican_

A construção do diálogo **175**

council/documents/vat-ii_const_19631204_sacrosanctum-concilium _po.html>.

CONSTITUIÇÃO dogmática *Lumen Gentium*, sobre a Igreja, 21 de novembro de 1964. <http://www.vatican.va/archive/hist_councils/ii_vatican_council/documents /vat-ii_const_19641121_lumen-gentium_po.html>.

CONSTITUIÇÃO pastoral *Gaudium et Spes*, sobre a Igreja no mundo atual. <http://www.vatican.va/archive/hist_councils/ii_vatican_council/documents/vat-ii_const_ 19651207_gaudium-et-spes_ po.html>.

COUNCIL of Centers on Jewish-Christian Relations: *Declaration on the Church's Relationship to Non-Christian Religions*. <http://www.ccjr.us/dialogika-resources/documents-and-statements/roman-catholic/second-vatican-council/na-drafts/ 1028-1964nov>.

COUNCIL of Centers on Jewish-Christian Relations: *On the Jews and Non-Christians*. <http://www.ccjr.us/dialogika-resources/documents-and-statements/roman-catholic/%20second-vatican-council/na-drafts /1027-draft1964sept-1>.

DECLARAÇÃO *Nostra Aetate*, sobre a Igreja e as religiões não cristãs. <http://www.vatican.va/archive/hist_councils/ii_vatican_council/documents/vat-ii_decl_19651028_nostra-aetate_po.html>.

DECLARAÇÃO *Dignitatis Humanae*, sobre a liberdade religiosa. <http://www.vatican.va/archive/hist_councils/ii_vatican_council/documents /vat-ii _decl_19651207_dignitatis-humanae_po.html>.

DECREE on the Jews. <http://www.ccjr.us/dialogika-resources/documents-and-statements/roman-catholic/second-vatican-council/na-drafts/ 1024-1961>.

DECRETO *Ad Gentes*, sobre a atividade missionária da Igreja. <http://www. vatican.va/archive/hist_councils/ii_vatican_council/documents /vat-ii_decree_19651207_ad-gentes_po.html>.

DECRETO *Christus Dominus*, sobre o múnus pastoral dos bispos na Igreja. <http://www.vatican.va/archive/hist_councils/ii_vatican_council/documents/vat-ii_decree_19651028_christus-dominus_po.html>.

DECRETO *Inter Mirifica*, sobre os meios de comunicação social. <http://www.vatican.va/archive/hist_councils/ii_vatican_council/documents/vat-ii _decree_19631204_inter-mirifica_po. html>.

DECRETO *Optatam Totius* – Sobre A Formação Sacerdotal. <http://www.vatican.va/archive/hist_councils/ii_vatican_council/documents/vat-ii_decree_19651028_optatam-totius_po.html>.

DISCURSO do Papa Paulo VI na solene inauguração da 2ª Sessão do Concílio Vaticano II, 29 de setembro de 1963. <https://w2.vatican.va/content/paul-vi/pt/speeches/1963/documents/hf_p-vi_spe_19630929_concilio-vaticano-ii.html>.

MISERICORDIAE Vultus. Bula de Proclamação do Jubileu Extraordinário da Misericórdia. Roma 11 de abril 2015. <http://w2.vatican.va/content/francesco/pt/apost_letters/documents/papa-francesco_bolla_20150411_misericordiae-vultus.html>.

ÍNDICE

A

Abadia da Dormição 74
Abraão 60, 68, 110, 125, 140, 145, 146
Ad Gentes 27, 44, 128, 132, 134, 136
África 11, 28, 35, 40, 45, 65, 66, 86
Aggiornamento 30, 151
Agostinho 106, 114, 115
Aliança 55, 60, 78, 82, 88, 91, 93, 97, 100,
103, 111, 125, 126, 138, 139, 146
All-Hallaj, Husain ibn Mansur 67
amor 53, 59, 82, 89, 92, 94, 119, 126, 135,
141, 147
Anawati, Georges Chehata 66, 68, 86
Antigo Testamento 85
Antiguidade 18, 92, 112
antissemitismo 37, 45, 49, 50, 54, 55, 56,
57, 58, 59, 62, 63, 72, 74, 77, 78,
81, 88, 98, 101, 126, 147
apologia 22, 110
Apostolicam Actuositatem 27, 128, 130,
132
apóstolos 78, 82, 94, 126, 127, 146
Aquino, Tomás de 67, 116, 117, 136, 137
árabe 39, 64, 65, 67, 69, 84, 89, 91, 95
Arrighi, Jean-Francoise Mathieu 72, 73
Ásia 45
Asseldonk, Anton van 55
assembleia 23, 28, 29, 30, 33, 45, 48, 58,
75, 76, 78, 81, 91, 100, 127, 132
ateísmo 96

B

Badaliya 68
Baeck 52, 59
Batanian, Iknadois Bedros XVI 97
Batismo 106, 107, 121
Baum 74, 75, 76, 77

Baum, Gregory 73
Bazin, Victor 29
Bea, Augustin 72, 73, 75, 76, 77, 79, 80,
81, 83, 84, 86, 90, 91, 101
beneditinos 62
Birmingham Centre for Islamic and
Middle Eastern Studies 70
B'nai B'rith International 77
Bonifácio VIII 107
Bourgade, François 64, 65
Bourgade, François. 64
Buber, Martin 50, 51, 52, 59
Budismo – budista 11, 23, 29, 92, 121,
124, 143, 144
Bula 107

C

Caplan, Louis 77
caridade 12, 45, 55, 123, 124, 126, 130
Carli, Luigi 97, 98, 99, 100
Caspar, Robert 140
Catequese 88, 126, 147
Celebração 62, 152
Center for the Study of Islam and
Christian-Muslim Relations 69
Central Conference of American Rabbis 54
Christus Dominus 27, 54, 130, 132
Cicognani, Amleto Giovanni 79
Ciência da Religião 74
Cipriano 105
civitas Dei 115
civitas terrena 115
Clemente 15, 112
Coetus Internationalis Patrum 96, 97, 98
Colonialismo – colonialista 22
Comissão para as Relações Religiosas
com o Judaísmo 146

Comitê Central dos Católicos Alemães 154

Committe on Goodwill Betweeen Jews and Christians 54

Concílio Vaticano II 5, 9, 11, 13, 14, 17, 18, 24, 26, 31, 33, 42, 45, 46, 49, 55, 58, 61, 63, 66, 68, 84, 122, 127, 151

Conferência Estadunidense dos Bispos Católicos 154

Conferência Mundial de Missões 36

Conferência Nacional de Cristãos e Judeus 56, 57

Confucionismo – confucionista 121

Congregação para a Doutrina da Fé 55

Congregação para as Igrejas Orientais 86

Congresso Eucarístico Internacional 95

Congresso Eucarístico Mundial 90

Congresso Judaico Mundial 79, 100

Conselho Católico para Israel 60, 73

Conselho Coordenador das Sociedades da Cooperação Cristã-Judaica 58

Conselho Internacional de Cristãos e Judeus 56

Conselho Pontifício para a Promoção da Unidade dos Cristãos 146

Conversão 65, 74, 100, 121

Corão 68, 70, 145

Corbon, Jean 86, 87

Corpo místico 119, 120, 133

Coughlin, Charles 53

Credo niceno-constantinopolitano 107

Cristão anônimo 121

Cristo 25, 27, 38, 42, 51, 54, 55, 59, 60, 61, 78, 82, 87, 88, 89, 92, 93, 99, 100, 101, 103, 105, 106, 108, 109, 111, 112, 113, 114, 115, 117, 119, 120, 121, 124, 125, 127, 133, 134, 135, 137, 138, 139, 141, 142, 147, 149

Cristologia 114

cruz – crucifixo 59, 94, 125, 127, 147

Culpa 37, 116, 117, 118, 135

Cuoq, Joseph M. 67, 86

D

Deicídio 79, 82, 88, 92, 93, 97, 98, 147

Dei Verbum 27, 72, 75, 132

descolonização 40, 42, 44, 63

Deus, Deus Pai 124, 127

Deutscher Koordinierungsrat der Gesellschaften für Christlich- -Jüdische Zusammenarbeit 58

Devaux, Théomir 50

Dia do Juízo 118

diálogo 5, 9, 11, 12, 14, 23, 24, 49, 53, 54, 56, 57, 60, 64, 65, 66, 67, 69, 70, 74, 77, 80, 97, 101, 114, 124, 128, 129, 144, 148, 149, 152, 153, 154

Diálogo 84, 150, 154

dignidade 36, 41, 88, 94, 127, 129, 135, 149

Dignitatis Humanae 28, 44, 72, 73, 128, 129, 131

D'Iré, Benedetto da Bourg 55

Direitos Humanos 40, 44

Discriminação 12, 29, 47, 88, 89, 127, 148

ditaduras 54

Dogmas 57

Duprey 86

E

Ecclesia ab Abel 115

ecumenismo 27, 43, 50, 81, 83, 87, 91, 101

Ecumenismo 25, 76

Educação 28, 56, 60, 154

Egito 40, 95

Ehrlich, Ernst Ludwig 77

Eleição 87, 117, 125, 138, 146

Encarnação 55, 111, 112, 113

encíclica 38, 119

Encíclica 38, 61, 62, 84, 85, 86, 87, 117, 118, 119, 133, 143

Escolástica 108
Esmola 93, 125, 145
Espírito Santo 115
Esquema 10, 71, 73, 75, 76, 79, 80, 81, 83, 87, 89, 90, 91, 92, 94, 97, 101, 102
Estados Unidos da América (EUA) 56
Estudos bíblicos 93, 126, 147, 149
Europa 28, 35, 37, 38, 56, 63, 64, 154
Eusébio 113, 114, 136
Evangelho 21, 53, 61, 75, 93, 97, 103, 104, 105, 108, 109, 112, 116, 121, 122, 126, 130, 135, 136, 137, 138, 140, 147
Exclusividade 104, 105, 116, 118, 141
Exegese 98
extra Ecclesiam nulla salus 104, 105, 106, 108, 114, 119, 120, 132
Extra Ecclesiam nulla salus 141
Extra Ecclesiam Nulla Salus 104, 108, 117

F

Federal Council of the Churches of Christ in America 54
Feinstein, Moshe 77
Felici, Pericle 90
filosofia 109, 112, 113
Filosofia 47, 70, 113
Fogo (inferno) 106, 107
Ford, Henry 54
Foucauld, Charles de 66, 67, 69
Freiburger Rundbrief 57, 60
Frings, Joseph 33, 34, 35, 42, 43
Funk, Isaac Kaufmann 49

G

Gardet, Louis 66, 67, 68, 69
Gaudium et Spes 11, 27, 42, 128, 132, 134, 135
Genocídio 37, 45
Gentios 113, 114, 115, 125

Gesellschaft für christlich-jüdische Zusammenarbeit 57
Gestapo 50
Gibbons, James 43
Goldmann, Nahum 77
Graça 29, 78, 88, 94, 103, 109, 115, 116, 118, 119, 121, 127, 132, 133, 134, 135, 141, 142, 147
Graciano 116
Gravissimum Educationis 28, 131
Gregório XVI 41
Guerra Mundial 36, 37, 39, 40, 42, 49, 52, 53, 54, 56, 57, 62, 63, 66, 68, 71

H

Harnack, Karl Gustav Adolf von 52
Hay, Malcolm 59
Helou, Charles 95
Henry Martin Institute – Henry Martyn School of Islamic Studies 70
Hertling, Ludwig 80
Heschel, Abraham Joshua 77, 90
Himmelreich, Laetus 55
Hinduísmo 11, 29, 92, 124, 143, 144
Hirsch, Emil Gustav 48, 49
História 13, 15, 18, 20, 22, 23, 24, 25, 26, 27, 37, 38, 42, 49, 59, 60, 68, 71, 79, 95, 96, 98, 101, 103, 104, 106, 108, 110, 111, 112, 113, 114, 115, 117, 131, 134, 137, 138, 139, 146, 149
Hitler, Adolf 37, 45, 54
Hochhut, Rolf 81
Holocausto 37, 38, 54, 62, 81, 84, 99
Humanidade 15, 17, 18, 22, 29, 34, 35, 36, 49, 51, 59, 85, 88, 89, 96, 110, 111, 112, 114, 115, 121, 123, 129, 134, 136, 137, 141, 142, 143, 149

I

ignorância invencível (ignorância involuntária; ignoratio invincibilis) 116, 117, 120, 132, 135
Igreja Apostólica 117

Igreja Caldeia Católica 70
Igreja Greco-Católica Melquita 90
Igrejas católicas orientais 64, 81
Igrejas orientais 10, 69
Igualdade 53, 94, 147
Inclusivismo 120
Independência 39
Inocêncio III 107
Institut des Belles Lettres Arabes (IBLA) 66, 69
Institute of Judaeo-Christian Studies 74
Instituto Dominicano para Estudos Orientais (IDEO) 69, 86
Instituto Pontifício de Estudos Árabes e do Islã (PISAI) 66
Inter Mirifica 28, 43, 132
International Emergency Conference on Anti-Semitism 58
Ireland, John 48, 49
Irineu 110
Isaac, Jules 48, 49, 58, 71, 72, 79, 100, 101
Islã 13, 14, 29, 46, 63, 64, 65, 66, 67, 68, 69, 70, 83, 86, 88, 91, 92, 96, 121, 122, 128, 136, 137, 140, 145, 146, 147, 148, 154
Israel 15, 20, 39, 50, 51, 52, 54, 55, 60, 61, 73, 78, 79, 82, 84, 88, 89, 91, 95, 98, 103, 115, 117, 138, 139, 146

J

Jainismo 121
Jastrow, Marcus 48
Jejum 93, 125, 145
Jerusalém 36, 74, 91, 99, 126
Jesuítas 80
Jesus 42, 48, 52, 55, 59, 61, 66, 67, 69, 74, 78, 79, 82, 93, 99, 104, 113, 114, 116, 117, 120, 125, 136, 138, 145, 146
Jewish Theological Seminary 77, 90
João XXIII 13, 26, 30, 46, 61, 62, 71, 80, 81

Jordânia 84, 91, 95
Judaísmo – judeus 11, 13, 14, 29, 46, 47, 48, 49, 50, 51, 52, 53, 54, 55, 58, 60, 68, 74, 75, 76, 77, 78, 79, 80, 82, 83, 86, 88, 90, 92, 93, 97, 98, 100, 101, 102, 103, 110, 114, 122, 128, 136, 137, 139, 140, 147, 149, 154, 155
Justiça 9, 36, 93, 125, 145
Justino 109, 110, 115

K

Kahil, Mary 68
Katholieke Raad voor Israel 60, 73
Katz, Label 77, 100
Kohler, Kaufmann 48, 49
Kohut, Alexander 48
König, Franz 87, 90, 96

L

Latas, Dionysios 48
Latim 29, 134, 136, 139, 140, 144
Lavigerie, Charles 65
Leão XIII 43, 74
Lefebre, Marcel 97
Lei 99, 112, 118, 135
Leroux, Marcel 50
Líbano 65, 87, 95, 97
Liberdade – liberdade religiosa 12, 28, 36, 40, 41, 93, 125, 128, 129, 130, 145, 147
Liturgia 29, 44, 45, 55, 61, 77, 128, 131
Logos 108, 109, 110, 111, 112, 113, 114
Lombardo 116
Luckner, Gertrud 57
Lumen Gentium 27, 87, 90, 128, 132, 133, 134, 135, 136, 137, 138, 139, 140, 142, 143, 146
Lyon 48
Lyon, David Gordon 48

M

Maçonaria – maçons 100
Marella, Paolo 84
Maria 93, 146
Massignon, Louis 66, 67, 68
Matsubara, Shizuka 46
Mendes, Henri Pereira 48
messias 48
Mingana, Alphonse 70
Misericórdia 14, 15, 63, 78, 82, 125
Missão – missionário 22, 44, 50, 103, 108, 148
Missas 106
Mística 67, 68, 77, 146
Mohamed 145
Monoteísmo 96
Morte 50, 59, 60, 74, 78, 79, 82, 93, 99, 101, 107, 123, 126, 147, 154
Muçulmanos 15, 47, 63, 64, 65, 67, 68, 69, 70, 81, 84, 86, 87, 89, 90, 93, 125, 137, 139, 140, 144, 145, 146, 152, 155
Müller-Claudius, Michael 57
Mussolini, Benito 37

N

Nação 38, 45, 88, 89, 139
Nasser, Gamal Abdel 86
Nazismo 56, 81
Niebuhr, Reinhold 52
Nondum 136, 140
Novo Testamento 10, 56, 98, 101, 104, 114, 125, 146

O

Oesterreicher, John 60, 61, 73, 74, 76, 77
Optatam Totius 27, 44, 45, 128, 130, 132
Opus sacerdotale Amici Israel 54, 55
Ordem de Santo Agostinho – agostianos 74
Ordinantur 117, 132, 136, 140

Organização das Nações Unidas (ONU) 39
Orientalium Ecclesiarum 24, 27, 132
Oriente Médio 65, 84, 90, 91, 95
Orígenes 105, 112, 113
Ortodoxia – ortodoxo 10
Otto, Rudolf 52

P

Padres brancos 65, 69
Paganismo – pagão 121
Palestina 39, 89
Parkes, James 59
Parlamento Mundial das Religiões 23, 24, 43, 47, 48
pastoral 9, 27, 128, 130, 134, 135
Patriarca(s) 46, 78, 88, 90, 97, 125, 126, 138, 139, 146
Patrimônio 22, 33, 42, 44, 45, 82, 93, 126, 136, 147
Patrística 106, 108, 112, 133
Paulo VI 17, 18, 71, 80, 83, 84, 86, 89, 90, 95, 102, 143
Paz 9, 29, 70, 93, 94, 125, 127, 145, 153
Pecado(s) 38, 118, 123
Pequenas Irmãs de Jesus 66
Pequenos Irmãos de Jesus 66
Peregrinação 83, 145
Perfectae Caritatis 27, 132
Perfidis Judaeis 62
Perseguição 37, 45, 49, 54, 71, 74, 84, 98, 149
Pio IX 117, 118
Pio XI 37, 38, 55
Politeísmo 96
Poncins, León de 100, 101
Pontifício Conselho para o Diálogo Inter-religioso 84, 150, 154
Povo 15, 38, 49, 50, 51, 52, 55, 59, 61, 65, 78, 79, 82, 85, 87, 88, 89, 93, 97, 98, 99, 103, 115, 121, 125, 126, 127, 135, 136, 137, 138, 139, 140, 143, 146, 147

Predestinação 115
Preparatio evangelica 139
Presbyterorum Ordinis 27, 132
Profecias 113
Proselitismo 56, 65
Proselitismo – missão 56
Próspero 115
Protestantismo – protestante 25, 56
Providência divina 117, 134, 142

R

Rabino 49, 52, 77
Rahner, Karl 120, 121
Ramselaar, Anton 60, 73
Reino de Deus 99, 122, 134
Religião 12, 13, 18, 22, 23, 29, 39, 41, 47,
 49, 51, 52, 53, 54, 61, 64, 70, 74,
 77, 82, 84, 85, 86, 89, 92, 96, 104,
 105, 113, 115, 117, 118, 119, 121,
 122, 125, 127, 129, 130, 140, 141,
 143, 144, 145, 146, 147, 148, 149
Respeito 5, 12, 17, 39, 44, 50, 52, 61, 64,
 68, 85, 93, 97, 118, 124, 125, 130,
 132, 135, 140, 143, 145, 149, 152
Revelação 15, 88, 96, 106, 111, 113, 121,
 125, 139, 141
Rito 45
Roma 54, 55, 60, 61, 62, 66, 73, 77, 81,
 86, 100
Roncalli, Angelo Giuseppe 26
Rosenzweig, Franz 50, 51, 52, 59
Rudloff, Leo von 60, 73, 74
Ruspe, Fulgêncio de 106, 107, 108

S

Sabedoria 20, 113
Sacramento 106, 134
Sacrosanctum Concilium 27, 44, 128,
 131, 132
Sagrada Escritura 62, 126
Saigh, Maximos IV 90
Salvação 11, 49, 51, 104, 105, 106, 107,
 108, 111, 112, 113, 115, 117, 118,

119, 120, 121, 122, 123, 125, 126,
 134, 135, 140, 141, 147, 149, 152
Schmidt, Wilhelm 96
Secretariado para a Promoção da Uni-
 dade dos Cristãos 30, 55, 60, 67,
 69, 72, 73, 77, 79, 86, 95
Seelisberg 58, 60, 71
Semina Verbi 110
Sexta-feira Santa 55, 61, 62
Sidarouss, Stéphanos I. 90
Sigaud, Geraldo Proença 97
Sinagoga 82
Sion 50
Síria 65, 66, 68, 89, 95
Sociedade 18, 30, 37, 121, 129, 130, 133,
 141
Sociedade de Missionários da África 65
Sociedade para a Colaboração Cristã-
 -Judia 57
Societas perfecta 133
Soloveichick, Joseph 77
soteriológico(a) 103, 106, 108, 112, 117,
 118, 132, 136
Substituição 62, 141
suprema e sacra Congregação do Santo
 Ofício 55
Syllabus Errorum 119

T

Tannebaum, Marc H. 77
Tappouni, Ignatius Gabriel I. 90, 91, 97
Teísmo 137
Teologia 22, 26, 29, 50, 67, 72, 101, 106,
 110, 112, 137
Teologia das Religiões 23, 24, 103, 122,
 132
Thieme, Karl 57, 59, 60
Tisserant, Eugène 73

U

Unitatis Redintegratio 25, 27, 43, 72, 132
Urbi et Orbi 84

V

Vera religio 115
Verbo (divino) 109, 110, 133, 135, 139
verdade 17, 29, 77, 89, 91, 92, 96, 97,
       100, 109, 113, 114, 117, 124, 125,
       126, 127, 129, 131, 133, 141, 145
Violência 29, 36, 121, 127, 148
Votação 83, 84, 87, 94, 98, 100, 102

W

Wagnalls, Adam Willis 49
Wardi 79
Werblowsky, Raphael Jehuda Zwi 77
Willebrandts, Johannes Gerardus Maria
       60, 72
Wise, Isaac Mayer 48

X

Xintoísmo – xintoísta 46

Z

Zietlow, Carl F. 58

Impresso na gráfica da
Pia Sociedade Filhas de São Paulo
Via Raposo Tavares, km 19,145
05577-300 - São Paulo, SP - Brasil - 2018